ASHLEY CURTIS

ALLES IST BESEELT

WIE EIN WELTBILD UNSEREN PLANETEN RETTEN KANN

1. Auflage

Text: Ashley Curtis
Übersetzung: Sabine Wolf
Lektorat: Patrick Schär, www.torat.ch
Korrektorat: www.torat.ch
Cover-Illustration: Stephan Schmitz
Gestaltung und Satz: Anneka Beatty
Druck: Beltz Grafische Betriebe

ISBN 978-3-9525014-5-0

Kommode Verlag GmbH, Zürich
www.kommode-verlag.ch

ASHLEY CURTIS

ALLES IST BESEELT

WIE EIN WELTBILD UNSEREN PLANETEN RETTEN KANN

Aus dem Englischen von Sabine Wolf

INHALT

INHALT

INHALT

EINFÜHRUNG

White bringt unsere Welt zum Wackeln (I)

Worin eine intellektuelle Bombe platzt und wir über eine blaue Murmel staunen.

1

Am 26. Dezember 1966 trat ein 59-jähriger Mediävist und Wissenschaftshistoriker an das Rednerpult der 133. Jahresversammlung des Forscherverbands American Association for the Advancement of Science und »ließ eine intellektuelle Bombe platzen, deren schriller Widerhall noch heute ertönt«[1]. Lynn White Jr.s Rede[2], im März 1967 in der Fachzeitschrift *Science* unter dem Titel »Die historischen Ursachen unserer ökologischen Krise« veröffentlicht, wurde auf dem Gebiet der Umweltwissenschaften rasch zum Klassiker und gilt heute als »grundlegende Schrift der Umweltethik«[3]. Der Text wurde in zahlreiche Anthologien und Lehrbücher aufgenommen und ist in Studiengängen zu Ökologie, Ethik und Umweltwissenschaften Standardlektüre. Er ist ganze fünf Seiten lang.

Nach der Veröffentlichung musste White einiges aushalten. In seinem Nachruf heißt es, »eine Protestwelle von Kirchenmännern schwappte über seinen Schreibtisch, ein anschwellender Strom von Briefen und Artikeln«[4]. 1973 sagte White, man beschimpfe ihn »nicht nur in der Presse, sondern auch in anonymen Schreiben, als Möchtegern-Antichristen, wahrscheinlich im Dienste des Kremls, der um jeden Preis den wahren Glauben verraten wolle«[5]. Dass White bis zu seinem Tod 1987 praktizierender Christ war, schien kaum jemanden zu interessieren. Er selbst bemerkte ironisch: »Hätte ich doch nur den Wissenschaftlern die Schuld gegeben.«[6]

Aber White hatte dem Christentum die Schuld gegeben, die Schuld an einer ökologischen Krise globalen Ausmaßes:

> Wir sind zu Schlußfolgerungen gekommen, die manchem Christen nicht gefallen werden. [...] Die derzeitige zunehmende Zersetzung unserer gesamten Umwelt ist das Resultat einer dynamischen Technik und Naturwissenschaft, die sich in der mittelalterlichen Welt des Abendlandes herausbildeten. [...] Ohne die ausgeprägten christlichen Vorstellungen von der Natur können wir die Geschichte ihrer Entwicklung nicht verstehen. [...] Folglich werden wir weiterhin in einer sich verschlimmernden ökologischen Krise leben, bis wir den christlichen Grundsatz verwerfen, daß die Natur keine andere Existenzberechtigung hat, als dem Menschen zu dienen. [...] Unsere derzeitige Naturwissenschaft und unsere derzeitige Technik sind so sehr von einer orthodoxen christlichen Arroganz gegenüber der Natur durchsetzt, daß von ihnen allein keine Lösung unserer ökologischen Krise erwartet werden kann. [...] In diesem Falle trifft das Christentum eine schwere Schuld.[7]

White zielte nicht nur auf Kirchgänger ab: In seinen Augen war auch die nachchristliche, säkulare Kultur von einer »christlichen Arroganz gegenüber der Natur durchsetzt«. »Daß die meisten Menschen diese Vorstellungen nicht als christliche erkennen«, schrieb er, »ist in diesem Zusammenhang unerheblich. Kein neues System grundlegender Werte ist in unserer Gesellschaft angenommen worden, um das des Christentums zu verdrängen.«[8] Atheisten und Agnostiker seien also genau so wie Theisten weiterhin mit diesen Überresten christlichen Dogmas infiziert, häufig, ohne es überhaupt zu merken.

•

Whites Bombe ist so erstaunlich, weil er auf so wenigen Seiten so viele Grundannahmen zunichtemacht. Schon 1966 argumentierte er, dass die ökologische Krise nicht mehr lokal sei, sondern sich in globalem Ausmaß entfalte – und sich auf das Klima auswirke. Er argumentierte, die Wurzeln der Krise lägen nicht in Wissenschaft oder Technik, sondern in der Religion. Er argumentierte, dass selbst das säkulare westliche Weltbild auf religiösen Grundsätzen basiere, und zwar auf denen der jüdisch-christlichen Tradition. Er argumentierte, diese Tradition, insbesondere das Christentum, basiere auf einem Bild des Menschen als Unterdrücker, Beherrscher und Ausbeuter der Natur; die Existenzberechtigung der Natur bestehe in diesem Weltverständnis wiederum alleinig darin, dem Menschen zu dienen. Er argumentierte, dass wir der ökologischen Krise in keiner Weise entkommen könnten – nicht mithilfe der Naturwissenschaften, nicht mithilfe von Technik, nicht mithilfe eines neuen wirtschaftlichen oder politischen Systems – »sofern wir nicht zu einer neuen Religion finden oder unsere alte überdenken«[9].

White war sich jedoch unsicher, ob ein solcher Wandel überhaupt möglich wäre. Wohlwollend verwies er auf das Interesse der damaligen »Hippies« am Zen-Buddhismus, »dessen Vorstellung von den Beziehungen zwischen Mensch und Natur fast ein Gegenstück zur christlichen ist«[10]. Allerdings hielt er es für unwahrscheinlich, dass eine Strömung wie der Zen-Buddhismus, tief von der Geschichte Asiens geprägt, im Westen je praktikabel wäre. Eher noch setzte er seine Hoffnung, sofern er denn welche hatte, »auf den bedeutendsten Radikalen in der christlichen Geschichte nach Christus [...] Franz von Assisi«[11]. Franz von Assisi sei »so offensichtlich ein Ketzer« gewesen, dass der bedeutende Franziskaner Johannes Bonaventura später versucht habe, die frühe Geschichte seines eigenen Ordens zu unterdrücken. »Es ist erstaunlich«, so White über Franz von Assisi, »daß er nicht auf dem Scheiterhaufen endete.«[12]

Im ketzerischen Weltbild des Franz von Assisi sah White eine »bemerkenswerte Variante der Allbeseelungslehre über alle belebten wie unbelebten Dinge«[13] – in anderen Worten die Überzeugung, dass alles, ob lebendig oder nicht, ein Bewusstsein oder bewusstseinsähnliche Eigenschaften besitze:

> [Franz von Assisis] Brüderlichkeit mit den Werken Gottes kommt in seiner Lobeshymne auf den Weltenschöpfer deutlich zum Ausdruck: »Gepriesen seist Du, o Herr, für unsere Schwester Mond [...]. Gepriesen seist Du, o Herr, für unseren Bruder Wind [...] für unseren Bruder Feuer.«[14]

Ebendiese Sichtweise, dass allen Naturdingen ein Geist innewohnt, hatte das Christentum mit seiner Unterdrückung des alten Heidentums rücksichtslos ausgemerzt:

> Im klassischen Altertum hatte jeder Baum, jede Quelle, jeder Bach und Berg seinen eigenen *genius loci*, seinen Schutzgeist. Diese Geister waren für die Menschen erreichbar, ihnen jedoch ganz unähnlich: Zentauren, Faune und Wassernixen beweisen diese Ambivalenz. Ehe man einen Baum fällte oder einen Bach staute, war es notwendig, den dafür zuständigen Geist zu besänftigen. Indem das Christentum die heidnische Naturbeseelung zerstörte, schuf es erst die Voraussetzungen für eine Ausbeutung der Natur. […] Die tatsächliche Alleinherrschaft des Menschen über den Geist hatte begonnen, und die alten Verbote über die Ausbeutung der Natur gerieten in Vergessenheit.[15]

Kurzum, als White forderte, wir müssten »zu einer neuen Religion finden«, meinte er nicht, wir sollten vom Christentum zum Islam, Judentum oder Hinduismus konvertieren. Auch betraf seine Forderung nicht nur offen religiöse Menschen. Ob Atheist, Agnostiker oder Theist – wer auch immer die Ansicht teilt, Menschen seien von der Natur getrennt und die wichtigste Aufgabe der Natur liege darin, menschlichen Bedürfnissen zu dienen, ist White zufolge unwissentlich im Netz eines eigenartig religiösen, speziell christlichen Dogmas gefangen.

•

Über Whites These lässt sich streiten, und viele Umweltschützer sind anderer Meinung. Laut Heike Molitor und Pierre Ibisch von der Hochschule für Nachhaltige Entwicklung Eberswalde begegnen viele Naturliebhaber der Umwelt nach wie vor mit anthropozentrischen Ansätzen, die den Menschen in den Mittelpunkt stellen, auch

> in den Mittelpunkt moralischen Handelns. Nur dem Menschen wird ein Eigenwert zugesprochen. Daraus leitet sich der Schutz der Natur ab, die *für* den Menschen zu schützen ist.[16]

So schrieb beispielsweise ein »renommierter Forstwirtschaftsprofessor« an White, dass »wir Redwood-Wälder schützen, weil Menschen sich an ihnen erfreuen. Wenn Franz von Assisi fand, wir sollten sie für Eichhörnchen bewahren, dann predigte er eine Religion für Eichhörnchen, nicht für Menschen.«[17]

In einem Artikel von 2016 beobachten Michael Paul Nelson und Thomas J. Sauer, für wie viel Irritation Überlegungen wie die von White in Naturschutzkreisen noch immer sorgen:

> Diskussionen über die philosophischen und ethischen Grundlagen des Naturschutzes wurden jüngst [...] von einigen namhaften führenden Umweltschützern als »alberne Streitereien, die vom Eigentlichen ablenken« bezeichnet. [...] Führende Umweltschützer haben all jene, die aus Prinzip eine nichtanthropozentrische oder anderweitig vom Pragmatismus abweichende Position einnehmen, bespöttelt. [...] Manche Naturschützer wurden aufgrund ihrer »moralischen Gewissheit« abgetan, und es wurde behauptet, man fände es »belastend, [...] unproduktiv und letztendlich kontraproduktiv

> […], mit anderen Naturschutzbiologen« über ideologische Angelegenheiten »diskutieren zu müssen«. »Die Realität des angewandten Umweltschutzes«, hieß es, »ist zu komplex und nuanciert für [eine solche] moralische Überzeugung.«[18]

Völlig konträr zu White glaubt derweil eine weitere Fraktion von Denkern, die sogenannten Ökomodernisten, dass naturwissenschaftliche und technische Lösungen uns sehr wohl aus der Krise führen würden, dass unsere »Religion« irrelevant sei und Whites Anliegen kontraproduktiv, da er uns damit auffordere, einen menschzentrierten Lebensstil aufzugeben, der mühevoll erreicht worden sei und viele Vorzüge aufweise. Laut den Ökomodernisten sei niemand ernsthaft gewillt, unseren derzeitigen, sich ständig verbessernden Lebensstandard gegen die Armut, Anstrengungen, gesundheitlichen Mängel und die allgegenwärtige Gewalt vorindustrieller Gesellschaften einzutauschen. Ökomodernisten verwerfen somit das Ideal, »demzufolge die menschliche Gesellschaft in Einklang mit der Natur leben muss«, und beharren darauf, »dass die Erde ein menschlicher Planet ist«[19]. In Anbetracht der ökologischen Krise bevorzugen sie technologiegetriebene Lösungen, mitunter eine drastische Ausweitung der Nuklearenergie, kluge Urbanisierung, Intensivierung der Landwirtschaft mittels genetisch veränderter Nutzpflanzen sowie CO_2-Abscheidung und -Speicherung. Manche befürworten auch offen die Idee des Geo-Engineerings – im wahrsten Sinne des Wortes ein Herumbauen am Planeten Erde.

Mithilfe von Geo-Engineering soll die Klimakrise durch Technologien von noch größerem Ausmaß entschärft werden.[20] Zu den Ideen gehört, mit riesigen Maschinen Kohlenstoff aus der Atmosphäre zu saugen; genetisch veränderte Pflanzen mit effizienteren (schwarzen) Silikonblättern zu züchten; Milliarden von Alufolienstreifen durch die Erdumlaufbahn segeln zu lassen, um Sonnenlicht umzuleiten; Schwefeldioxid in die obere Atmosphäre einzuspeisen, um Sonnenstrahlung abzuhalten; die Weltmeere mit Eisenschlamm zu düngen, um Meerespflanzen bei der Aufnahme von Kohlendioxid anzutreiben; und, als jüngste Idee, die Antarktis mit Billionen Tonnen Schnee künstlich zu beschneien, um den Kollaps des Westantarktischen Eisschilds aufzuhalten – ein Kollaps, der den Meeresspiegel ansteigen lassen und Küstenstädte fluten würde.

Wenngleich Ökomodernisten anerkennen, dass Menschen »materiell immer zu einem gewissen Grad von der Natur abhängig sein« werden und dass »selbst wenn eine vollständig künstliche Welt möglich wäre, sich viele von uns trotzdem dafür entscheiden [würden], mehr mit der Natur verbunden zu leben«[21], mag ihre Vision eines »großen Anthropozäns[A]«[22] auf so manchen dystopisch wirken.

•

White und die Ökomodernisten haben ganz offensichtlich das gemeinsame Ziel, die Klimakrise einzuhegen. Allerdings könnten ihre Ansichten, wie und warum wir das tun sollten, nicht weiter auseinandergehen. Am klarsten zeigt sich dieser Gegensatz in ganz unterschiedlichen Reaktionen auf ein berühmtes Foto: *Die Blaue Murmel.*

A Das Anthropozän bezeichnet unsere jetzige geologische Epoche, eine Epoche, die sich durch erhebliche menschliche Auswirkungen auf die Geologie und die Ökosysteme des Planeten Erde auszeichnet.

Die Blaue Murmel ist eine Aufnahme mit Symbolcharakter. Es handelt sich um ein Foto vom Planeten Erde, geknipst aus einer Entfernung von 29 000 Kilometern von einem der Astronauten der letzten bemannten Mondmission. Das Bild hat eine starke Wirkung. Michael Pollan schreibt:

> Der Anblick dieses »hellblauen Punkts«, der in der unendlichen schwarzen Leere des Weltraums hing, löschte die Landesgrenzen auf unseren Karten aus und machte die Erde klein, verletzlich, einzigartig und kostbar. [...] Die Kraft dieser neuen Perspektive [diente] als Inspiration für die moderne Umweltbewegung sowie die Gaia-Hypothese, [die] Vorstellung, dass die Erde und ihre Atmosphäre gemeinsam einen einzigen lebenden Organismus bilden.[23]

Diesen hellblauen Punkt live und leibhaftig zu sehen (noch bevor das berühmte Foto entstand), bewirkte in Edgar Mitchell, einem Besatzungsmitglied der Apollo 14, eine mystische Erfahrung:

> Und plötzlich begriff ich, dass die Moleküle meines Körpers, die Moleküle meines Raumschiffs und die Moleküle im Körper meiner Partner in einer uralten Generation von Sternen geformt und erzeugt wurden. [Ich verspürte] ein überwältigendes Gefühl des Einsseins, der Verbundenheit. [...] Es war nicht »sie und wir«, es war: »Das bin ich! Das ist das Ganze, alles ist eins.« Und es war von einer Ekstase begleitet, einem Gefühl wie »O mein Gott, Wahnsinn, ja« – einer Erkenntnis, einer Offenbarung.[24]

White bestätigt die Wirkungsmacht des Bildes. Doch dann schwenkt er in eine ganz andere Richtung als Pollan oder Mitchell:

> Nichts berührte den amerikanischen Geist mehr als die Reaktion unserer Astronauten auf den Anblick dieses Planeten vom Weltall aus; man sprach vom »Raumschiff Erde«. Ökologisch gesehen ist diese Metapher eigentlich furchterregend. Ein Raumschiff ist ein durch und durch menschliches Konstrukt, ausschließlich entworfen, um menschliches Leben zu ermöglichen, zu keinem anderen Zweck. Es ist kein Zufall, dass einige unserer Raumfahrer auf der Reise zum Mond aus der biblischen Schöpfungsgeschichte lasen: Schließlich ist die Schöpfung in der jüdisch-christlichen Tradition bis ins Detail auf menschliche Nutzung und Erbauung ausgelegt, zu keinem anderen Zweck. Diese Gleichgültigkeit gegenüber einer möglichen Autonomie in anderen Lebewesen hat unsere Art technischer Entwicklung stark begünstigt und so die Verschmutzung unserer Weltkugel maßgeblich angetrieben.
>
> Die Raumschiffmentalität ist die Krone des desaströsen menschzentrierten Blicks auf die Natur der Dinge und die Dinge der Natur, und ihr heutiger Reiz besteht darin, scheinbar ökologische Lösungen anzubieten, ohne dass bestehende Vorstellungen geopfert werden müssten. Wir befinden uns in größerer Gefahr, als wir denken.[25]

Die Ansätze der Ökomodernisten und des Geo-Engineerings sind der Inbegriff dessen, was White als »ökologisch furchterregend« empfand, nämlich den Planeten immer expliziter in ein menschgemachtes Raumschiff zu verwandeln und dabei nach Lösungen zu greifen, ohne »bestehende Vorstellungen« opfern zu müssen. 1967 warnte White vor den möglichen Folgen solcher Eingriffe:

> Was sollen wir tun? Bis jetzt weiß niemand eine Antwort. Wenn wir nicht beginnen, über die Grundtatsachen nachzudenken, werden unsere Teilmaßnahmen neue Rückschläge bewirken, die gefährlicher sind als jene, die sie kurieren sollen.[26]

Derlei mögliche Rückwirkungen, im ökomodernistischen Optimismus ausgeblendet, lagen für White auf der Hand; als Historiker und Experte für mittelalterliche Technik war er sich nur allzu bewusst, wie oft in der Technikgeschichte gute Absichten von Verkettungen unbeabsichtigter Nebenwirkungen verdrängt wurden.

Allerdings muss man kein Mittelalterforscher sein, um das zu erkennen; vertraute Technologien jüngerer Zeitalter bieten genügend Beispiele. Das Wunder der Mobilität, geschaffen durch Automobil und Flugzeug; der Traum von billiger und unerschöpflicher Kernkraft; günstige, massenproduzierte Artikel seit der Industriellen Revolution; der Anstieg landwirtschaftlicher Produktivität dank chemischer Dünger und Pestizide; die Effizienz von Monokulturen und fabrikartiger Viehhaltung; das Phänomen der Verbundenheit durch Internet und Smartphone – all das hat seine Kehrseiten: Umweltverschmutzung; überwältigende

Erderwärmung; bedrohliche Bestände von Atommüll und -waffen; Massenkonsum auf der Basis geplanten Verschleißes und Neukauf anstelle von Reparatur, mit der Folge weltweit wachsender Berge giftigen Schrotts; erschöpfte Böden; versiegte und verschmutzte Grundwasservorräte; eine drastisch schrumpfende Artenvielfalt; und, inmitten der am stärksten vernetzten Gesellschaft aller Zeiten, bindungslose Einsamkeit. All das gibt kaum Anlass zu Optimismus hinsichtlich der noch weitreichenderen Eingriffe, die sich Fürsprecher des Geo-Engineerings ausmalen.

•

White fragte: »Was sollen wir tun?«, und antwortete: »Bis jetzt weiß niemand eine Antwort.« Aber eigentlich hatte er eine ziemlich genaue Vorstellung. Wir sollten »zu einer neuen Religion finden« – und damit meinte er wie gesagt nicht, zu einer anderen Konfession zu konvertieren, sondern uns von bestimmten grundlegenden Werten zu befreien, die zweitausend Jahre Christentum in unserer religiösen wie säkularen Kultur verankert haben. White hatte auch eine recht konkrete Vorstellung davon, wie diese neue »Religion« auszusehen hätte. In einem Artikel von 1973 benannte er es ganz klar: »Das religiöse Problem besteht darin, eine praktikable Entsprechung zum Animismus zu finden.«[27]

Man könnte meinen, jetzt sei es an der Zeit, White aus dem Fenster zu werfen. Denn sein »religiöses Problem« ist ein ziemlich großes – vielleicht sogar noch größer als die potenziellen Probleme, die entstünden, wenn die obere Atmosphäre mit Schwefeldioxid angereichert würde. Und dieses »religiöse Problem« ist so groß, weil sich die meisten unserer Zeitgenossen einig sind, wenn sie sich denn bei irgendetwas einig sind, dass Animismus eben *nicht* praktikabel ist. Animismus – die Erfahrung, dass neben nichtmenschlichen Tieren auch Pflanzen, Flüsse, Berge, Wolken, Sterne, Steine und Wetterlagen nicht leblose oder unbelebte Bestandteile der Welt sind, sondern wahrnehmende und erfahrende Wesen – bedeutet für die meisten von uns primitive Illusion, das naive »magische Denken« abergläubischer, unaufgeklärter, vorwissenschaftlicher Völker. Von dieser Warte aus betrachtet, haben wir uns nicht etwa vom Animismus gelöst, weil wir einfach eine Lebensweise vorgezogen haben, in der der Mensch als von der Natur getrennt und über sie herrschend gilt (obwohl vielleicht auch das zutrifft), sondern weil unsere mühsam konstruierte, gewissenhaft überprüfte Wissenschaft einfach *recht* hat und der Animismus *nicht*. Und deshalb, Dr. White, selbst wenn wir uns alle miteinander wieder dem Animismus verschreiben wollten, um so unser eigenes Leben zu retten, das unserer Kinder und das unseres Planeten, *könnten wir das gar nicht* – genauso wenig, wie wir plötzlich, um unser eigenes Überleben zu sichern, glauben könnten, die Erde bilde das Zentrum des Sonnensystems oder die Sterne blieben bis in alle Ewigkeit an ihren Punkten am Himmelszelt. Denn das ist einfach nicht so.

Dr. White, Ihre Ideen waren äußerst interessant; Sie schreiben ganz wunderbar, und Ihre Einsichten in die Technikgeschichte und deren Verflechtung mit der Religionsgeschichte sind aufschlussreich; aber wenn Sie jetzt verlangen, wir sollten eine Perspektive einnehmen, die eine »praktikable Entsprechung zum Animismus« ist, dann scheinen Sie den Bezug zum Möglichen verloren zu haben und müssen wohl doch zum Fenster raus.

2

Wie vielleicht abzusehen war, plädiere ich dafür, White nicht zum Fenster rauszuwerfen – zumindest noch nicht gleich. Bitte behalten Sie ihn drinnen, bis Sie diese Seiten fertig gelesen haben. Denn ich möchte mich dafür starkmachen, dass Animismus durchaus praktikabel ist – mich sachte, behutsam, spielerisch dafür starkmachen, aber auch ganz ernsthaft.

Historisch gesehen ist der große Feind des Animismus das Christentum, Seite an Seite mit den kolonialistischen und kapitalistischen Unternehmungen, die es mit hervorbrachte. In meinem Plädoyer für den Animismus argumentiere ich aber nicht gegen das Christentum – da eben, wie White darlegte, der menschgemachte Dualismus nicht mehr dadurch belegt wird, wer in die Kirche geht und wer nicht. Das *philosophische* Gegenteil des Animismus ist weniger der historische Feind Christentum als eine tiefer verwurzelte, fast unsichtbare Weltsicht, die, wenngleich sie zu großen Teilen dem Christentum entstammen mag, heutzutage auch alle möglichen nichtchristlichen Überzeugungen stützt, ob atheistische, materialistische oder theistische.

Diese grundlegende Weltsicht, das philosophische Gegenteil des Animismus, ist auch als Kartesianismus bekannt, benannt nach dem französischen Philosophen des 17. Jahrhunderts René Descartes, ihrem deutlichsten Vertreter. Hier ist eine Kurzfassung:

Die physische Welt existiert, mit oder ohne uns. Sie ist leblos: weder lebendig noch im Besitz eines Bewusstseins. In diese Welt werden Geschöpfe mit Bewusstsein geboren, wie wir, die sich der physischen Welt für eine Weile bewusst werden, dann sterben und somit aufhören, sich ihrer bewusst zu sein. Dann besteht die physische Welt ohne sie fort. Das trifft auf den Einzelnen zu – ich wurde geboren, ich erfahre die Welt, ich werde sterben – wie auch auf kosmischer Ebene: Zuerst gab es kein Leben, kein Bewusstsein; dann entstand Leben und zusammen mit ihm, irgendwann, Bewusstsein; und das Leben wird wieder vergehen, spätestens wenn die Brennstoffvorräte der Sonne aufgebraucht sind und sie unser Sonnensystem verschlingt.[B] *Und die physische Welt wird fortbestehen.*

Wenn Sie diesen Absatz aufmerksam lesen, dürften Sie ihn kaum als ungewöhnlich empfinden – wohl eher als ziemlich offensichtlich. Der Kartesianismus ist keine esoterische, obskure, schwer zu entschlüsselnde Lehre. Vielmehr handelt es sich, zumindest wie ich den Begriff gebrauche, einfach um eine Bezeichnung für den Glauben, der vorige Absatz sei eine vernünftige Beschreibung gewisser grundlegender Bestandteile der Realität. Falls Sie den Aussagen in diesem Absatz zustimmen – unabhängig davon, woran Sie sonst noch so glauben –, können Sie sich selbst, wie die meisten von uns, als Kartesianer betrachten.[C]

B Vielleicht spielt sich dieses kosmische Drama auch in anderen Teilen des Universums ab, vielleicht in anderen Universen – wir werden es nie erfahren.

C Diese Haltung lässt sich mit einer ganzen Menge weiterer Glaubensvorstellungen kombinieren. Religiöse Menschen können sie mit dem Glauben an die göttliche Schöpfung und ein nichtkörperliches Leben nach dem Tod vereinen; Materialisten mit einem Glauben an die Körperlichkeit des Bewusstseins; Existenzialisten können Wertschätzung für die Absurdität des Seins und die damit einhergehende Freiheit und Verantwortung hinzufügen; säkulare Humanisten einen Glauben an den intrinsischen Wert menschlichen Lebens und Gefühls usw. Trotz ihrer vielen und oftmals unüberbrückbaren Differenzen beruhen all diese Glaubensüberzeugungen – wie auch fast alle anderen – fest auf der Grundlage des Kartesianismus wie im kursivierten Absatz beschrieben. Aus diesem Grund bezeichne ich den Kartesianismus als »grundlegende« Weltsicht – er bildet das grundsätzliche Weltbild, in der Regel nicht hinterfragt und als selbstverständlich geltend, das einer Vielzahl verschiedener Weltsichten als Basis dient.

Dieses Buch möchte zeigen, dass es mit diesem Absatz ein Problem gibt. Das Problem besteht nicht etwa darin, dass die Aussagen des Absatzes falsch wären – es ist noch viel schlimmer. Das Problem besteht darin, dass diese Aussagen *unstimmig* sind.

•

Es besteht ein riesiger Unterschied zwischen falschen und unstimmigen Aussagen, und er zeigt sich, wenn wir Aussagen über einen Mann namens Anton mit ähnlichen Aussagen über ein Stück Tapete vergleichen. Wenn ich sage, Anton habe Hunger, wenn Anton tatsächlich gerade eine große Mahlzeit verspeist hat und ihm beim Gedanken an auch nur eine weitere Gabel schlecht wird, dann ist meine Aussage falsch. Diese »Falschheit« ist recht leicht zu verstehen. Es braucht bloß das kleine Wort »kein«. Ich habe gesagt, Anton habe Hunger. In Wirklichkeit hat Anton *keinen* Hunger. Also ist meine Aussage inkorrekt.

Behaupte ich aber, die Tapete habe Hunger, werden Sie mich wahrscheinlich ein bisschen schräg anschauen. In dem Fall denken Sie wahrscheinlich, mit *mir* stimme etwas nicht. Wenn ich sage, Anton habe Hunger, können Sie mir einfach antworten, nein, das stimmt gar nicht, Anton hat keinen Hunger, und nicht weiter daran denken. Sage ich aber, die Tapete habe Hunger, werden Sie mich wahrscheinlich nicht korrigieren und sagen, nein, die Tapete hat gar keinen Hunger. Es ist genauso seltsam, zu sagen, die Tapete habe keinen Hunger, wie zu sagen, die Tapete habe Hunger; Hunger ist einfach kein Wort, das sich sinnvoll auf Tapete anwenden ließe. Anstatt mich zu korrigieren und mir zu sagen, nein, die Tapete hat jetzt gerade keinen Hunger, würden Sie überlegen, was Sie eigentlich von *mir* denken, und falls ich auf meiner Aussage bestünde und es damit ernst zu meinen schiene, würden Sie sich fragen, ob ich womöglich ein bisschen irre sei. Und dasselbe würden Sie wahrscheinlich denken, wenn ich stattdessen darauf bestünde, dass die Tapete keinen Hunger habe. Sie würden denken, dass ich – nun ja, etwas von der Rolle sei.

Wie kaum überraschen dürfte, möchte ich mit diesem Buch zeigen, dass die grundlegende Weltsicht aus besagtem Absatz – die kartesianische Weltsicht – weder richtig noch falsch ist wie die Aussage über Anton, sondern unstimmig wie die Aussage, die Tapete habe Hunger (oder keinen). Parallel zu diesem Argument möchte ich zeigen, dass es eine andere grundlegende Weltsicht gibt, die *nicht* unstimmig ist.

Und ja, die grundlegende Weltsicht, von der ich behaupte, sie sei im Gegensatz zur kartesianischen stimmig, ist der Animismus. Genau wie die Grundlage des Kartesianismus trägt die des Animismus unterschiedlichste und potenziell widersprüchliche Weltauffassungen. Im Einzelnen sind viele dieser Weltauffassungen schriftlich belegt, manche durch Angehörige überlebender animistischer Völker, andere durch Anthropologen, die versucht haben, in animistische Kulturen einzutauchen. Betrachten wir diese faszinierende Vielfalt in ihrer Gesamtheit, sieht die grundlegende animistische Weltsicht – die den vielen heutigen oder früheren Varianten des Animismus in der ganzen Welt gemein ist – wie folgt aus:

Die physische Welt ist nicht leblos. Alles in ihr ist in irgendeiner Weise (nicht unbedingt einer biologischen) lebendig und bewusst; das heißt, alles in ihr ist erfahrend. Diese Erfahrung nimmt höchst unterschiedliche Formen an und kann von der menschlichen Erfahrung völlig abweichen. Trotzdem kann diese

Erfahrung manchmal – womöglich sporadisch, womöglich ungeregelt, womöglich auf traumähnliche Art und Weise – Menschen antreffen und von ihnen angetroffen werden.

Die animistische Weltsicht ist ziemlich genau das Gegenteil der kartesianischen, und sollten Sie überzeugte Kartesianerin sein – welcher Spielart auch immer: religiös, materialistisch, existenzialistisch, humanistisch usw. –, wird Ihnen der vorige Absatz unstimmig erscheinen. Er *muss* ihnen sogar unstimmig erscheinen. Zu behaupten, ein Stein sei *erfahrend*, ist nicht so anders, als zu sagen, die Tapete habe Hunger. In der grundlegenden Annahme jeglicher kartesianischen Weltsicht existiert die physische Welt unabhängig von allem Bewusstsein. Sie ist leblos – das heißt, *nicht* erfahrend –, außer jenen wenigen Bestandteilen, die lebendig und bewusst sind. Für einen Kartesianer kann Animismus nur unstimmig sein.

Aber wenn Animismus einem Kartesianer unstimmig erscheinen *muss*, wie können wir Kartesianer ihn dann fair beurteilen? Die Antwort ist offensichtlich: Wir müssen aus unserem Kartesianismus hinaustreten. Anders gesagt müssen wir unseren Glauben an die Grundsätze aus dem ersten kursivierten Absatz beiseitelegen, zumindest vorübergehend. Das ist leichter gesagt als getan. Wie können wir aufhören, an Dinge zu glauben, die so offensichtlich und selbstverständlich wahr erscheinen?

Gar nicht – solange sie so offensichtlich und selbstverständlich wahr erscheinen. Natürlich können wir so tun als ob, aber solange wir es nicht wirklich ernst meinen, solange wir nicht zu der Überzeugung gelangen, dass unser grundlegender Kartesianismus gar nicht so offensichtlich und selbstverständlich wahr ist, können wir es vergessen mit einer fairen Chance für den Animismus.

Somit stellt sich dieses Buch zwei eng miteinander verbundene Aufgaben. Nicht nur muss es uns Argumente bieten, warum die Annahmen des grundlegenden Animismus stimmig sind; zuerst muss es die des Kartesianismus auseinandernehmen, um glaubwürdig zu zeigen, dass sie eben nicht offensichtlich und selbstverständlich wahr sind. Erst dann ist die einstige Kartesianerin in der Lage, den Animismus fair zu beurteilen.

•

Um diese doppelte Mission zu erfüllen, ziehen wir kreuz und quer durch die Lande. Wir lernen etwas über die bekömmlichen Eigenschaften von Teerwasser, lesen Limericks über Bäume und Göttlichkeit, tauchen kurz ein in die Verzweiflung des größten Philosophen der englischsprachigen Welt, werfen einen Blick auf den Unterschied zwischen Autos auf einer Schnellstraße und fallenden Steinen, erfahren, warum so viele Professoren Artikel über Zombies schreiben, versenken uns in das Bewusstsein von Fledermäusen und Gürteltieren, sehen einem Mann dabei zu, wie er sich in einen Raben verwandelt, und einem anderen, wie er zum Elch wird, picknicken neben einer Eisenbahn, die sich Albert Einstein ausgedacht hat, messen die Schärfe von Chilis, betrachten Hamlet bei seiner eigenen Betrachtung von Suizid und überlegen, ob man von einer zufälligen Begegnung sagen kann, sie sei bedeutsam.

Am Ende von all dem kehren wir dann zu Lynn White Jr. und seiner intellektuellen Bombe zurück. Sollte mein Versuch erfolgreich sein, wird Whites Wunsch nach einer praktikablen Entsprechung zum Animismus nicht mehr so abwegig wirken wie vielleicht jetzt gerade. Sollte ich keinen Erfolg haben, werden Sie zumindest eine Reise hinter sich haben, von der ich hoffe, dass sie gleichermaßen aufregend und spielerisch ist.

Dieses Buch ist aus einer spielerischen Haltung heraus geschrieben, und ich wünsche mir, dass es Spaß macht. Aber ich habe es auch in vollem Ernst geschrieben. Ich hoffe, es wird in beiderlei Haltung gelesen.

Die erste Behauptung des Kartesianismus lautet, die physische Welt existiere, mit oder ohne uns. Das ist gleichbedeutend mit der Aussage, die physische Welt bestehe aus Stoff – oder, eleganter ausgedrückt, aus Materie –, und dieser Stoff sei nun mal da, ob wir ihn nun wahrnähmen oder nicht. Im Kapitel »Der Gute Bischof« besuchen wir einen Philosophen, der die radikale Behauptung aufstellt, Materie existiere nicht – dass sogar das Konzept von Materie unstimmig sei.

KAPITEL 1

Der Gute Bischof

Worin das Konzept von Materie hinterfragt und von einem Stuhl geträumt wird.

1744 veröffentlichte der Bischof des irischen Cloyne das erfolgreichste Buch seines Lebens.[28] *Siris: Eine Kette von Philosophischen Betrachtungen und Untersuchungen über die Tugenden des Teerwassers* erreichte innerhalb eines Jahres sechs Auflagen. 1752, ein Jahr vor seinem Tod, veröffentlichte der Bischof eine Fortsetzung, *Weitere Gedanken zur Teerwasserfrage.*

Das bischöfliche Teerwasserrezept empfahl, ein Quart Holzteer in ein großes Glasgefäß zu geben und mit einer Gallone kaltem Wasser zu übergießen. Vier Minuten lang mit einer Kelle oder einem Stab umrühren, dann achtundvierzig Stunden stehen lassen. Danach die Flüssigkeit abgießen. Die Farbe sollte nicht heller sein als die von französischem Weißwein, nicht dunkler als die von spanischem. Abends und morgens eine halbe Pinte auf leeren Magen trinken; Kinder und »empfindliche Personen« sollten die Flüssigkeit verdünnt und dafür öfters trinken.

Diese Kur, so der Bischof, heile allerlei Beschwerden. Er beschreibt eine Familie mit sieben Kindern während einer Pockenepidemie. Sechs der Kinder tranken Teerwasser und »durchstanden die Infektion sehr gut«. Das siebte »konnte nicht dazu bewegt werden, Teerwasser zu trinken«, und uns wird zu verstehen gegeben, dass es starb. Teerwasser kuriere wirksam »so viele purulente Geschwüre«, dass der Bischof es schließlich auch bei »anderen Verdorbenheiten des Blutes« anwandte, darunter »kutane Ausbrüche« und die »schändlichsten Krankheiten [...] Pleuritis und Peripeumonie«.

•

Der Autor der *Siris* – vom großen Philosophen Immanuel Kant später als »der Gute Bischof« bezeichnet – bewarb Teerwasser so energisch aus Sorge um seine Gemeinde. In Cloyne, einer abgelegenen, armen Gegend, waren kurz zuvor die Pocken und Dysenterie ausgebrochen – oder wie es der Bischof anschaulich nannte, die »blutige Ruhr«.

Ein Brief aus dieser Zeit an einen britischen Abgeordneten – »Die Plagen Irlands« – beschreibt das Land des Bischofs als »die elendigste Szenerie universellen Leides, von der je in der Geschichte zu lesen war«.[29] Neben Krankheiten litt die Bevölkerung unter einer »Knappheit von Brot (die mancherorts einer Hungersnot gleichkommt)«. So sehr mangelte es an Brot, dass der Bischof in einer Solidaritätsgeste gegenüber seiner Gemeinde Mehl zum Pudern seiner Perücke erst wieder nach der Ernte verwendete.

Der Bischof glaubte, er habe eine günstige Möglichkeit gefunden, einer darniederliegenden Bevölkerung zu guter Gesundheit zu verhelfen. Doch nicht nur sollte sein Erfolgsbuch die physiologischen Tugenden des Teerwassers darlegen und dessen Wirksamkeit wissenschaftlich erklären. Das dritte Ziel bestand darin, wie es in der Stanford-Enzyklopädie der Philosophie heißt, »den Leser durch eine Aneinanderreihung kleiner Schritte zu einer Reflexion über Gott zu führen«[30]. Das Wort »Siris« im Titel stammt vom griechischen Wort für »Kette«, und die bischöfliche »Kette von Philosophischen Betrachtungen« führt, trotz einiger Schlenker, vom Teerwasser zur Theologie.

Was uns, wenn auch ein wenig abrupt, zu Gott bringt.

•

Die Tugenden des Teerwassers sind im Laufe der letzten Jahrhunderte größtenteils in Vergessenheit geraten, nicht jedoch die früheren Schriften des Bischofs. Es sind diese frühen Arbeiten, verfasst, als er sich mit Mitte zwanzig als Forschungsstipendiat am Dubliner Trinity College durchschlug, die ihn heute zu einer bekannten, wenn auch missverstandenen Figur machen. Denn in diesen frühen Schriften bestritt George Berkeley, der spätere Bischof von Cloyne, eindringlicher und wirkungsvoller als alle anderen Philosophen die Existenz von Materie.

Sagt jemand zu Ihnen: »Du bist so materialistisch«, meint die Person in der Regel, Sie seien übermäßig auf Konsumartikel fixiert, möglicherweise auf Kosten von Wichtigerem wie menschlichen Beziehungen oder noblen Anliegen. Aber Materialismus kann auch etwas anderes bezeichnen als Shopping-Gier: Nämlich den in universitären Kreisen verbreiteten Glauben, das Universum und alles darin könne zufriedenstellend *allein durch Materie* erklärt werden. Das heißt, es könne zufriedenstellend erklärt werden, ohne dass es eines Gottes bedürfe, eines Geistes, einer Bestimmung oder eines Sinnes, die darüber hinausgehen, was wir aus Materie erschaffenen Menschen mit unseren aus Materie erschaffenen Gehirnen selbst erfinden.

Wer anderer Meinung ist als die Materialisten, meint in der Regel, etwas existiere *zusätzlich zur Materie* – der menschliche Geist, Gott, eine Lebenskraft –, doch räumt er meist ein, dass Materie natürlich auch existiere. Materie ist physischer *Stoff*: Stühle, Tische, Steine, Wasser, Atome. Die Debatte zwischen Materialisten und Nichtmaterialisten betrifft normalerweise eher die Frage, ob es irgendetwas *neben* der Materie gebe, und nicht, ob Materie an sich existiere.

Berkeley widersprach beiden Lagern. Er glaubte, Materie existiere *überhaupt nicht*. Und obwohl diese Ansicht wie eine wahnsinnig radikale Doktrin wirken mag, nahm Berkeley selbst sie gar nicht so wahr, sondern eher als etwas mit ein wenig Reflexion völlig Selbsterklärendes. Nicht nur das, ganz nebenher schafft sie etwas für einen Bischof überaus Nützliches: Sie beweist die Existenz Gottes.

•

Wir alle träumen, und manche von uns erleben Halluzinationen oder haben sie schon erlebt. In unseren Träumen und Halluzinationen sehen, fühlen, hören, riechen und schmecken wir; wir erfahren Freude und Schmerz; und solange wir uns in ihnen befinden, glauben wir voll und ganz an ihre Realität. Wenn wir aufwachen, wird uns klar: »Oh, das war ein Traum.« Häufig, zumindest in der heutigen westlichen Welt, sagen wir: »Das war *nur* ein Traum.«

Wenn man es sich recht überlegt, meinen wir damit, dass die Gegenstände im Traum aus keiner Materie bestanden, Materie im Sinne von echtem Stoff. Alles hat sich in unserem Kopf abgespielt. Sind wir aber wach und sehen einen Stuhl, nehmen wir an, wir sähen gerade ein Stück richtig toller Materie. Und wir nehmen an, diese echte Materie verdeutliche dadurch, dass sie da ist, dass wir jetzt in der Realität leben, während wir vorher im Schlaf – als unsere Stühle aus keiner Materie bestanden – in einem Traum lebten.

In meinem Traum sehe ich einen Stuhl. Ich stolpere dagegen und stoße mir den Fuß – aua! Im Traum bin ich davon überzeugt, es sei ein echter Stuhl, aus echter Materie. Darum kann ich ihn sehen, und darum tut es weh, wenn ich dagegenrenne. Trotzdem sage ich nach dem Aufwachen ohne zu zögern, ich hätte mit meiner Überzeugung aus dem Traum falsch gelegen und es habe dort gar keinen echten Stuhl gegeben (also keinen Stuhl aus Materie).

Ich sage also bedenkenlos, dass ich manchmal (im Schlaf oder in einer Halluzination) Dinge sehe und fühle und durch sie verletzt werde, selbst wenn es dort keine Materie gibt, die ich sehen, fühlen oder durch die ich verletzt werden könnte. Berkeley fragte im Grunde, warum ich, wenn ich das für meine Träume einräume, trotzdem beharrlich annehme, echte Materie verursache auch nur einen meiner Sinneseindrücke – die im Wachzustand miteingeschlossen. Wenn der Traum-Stuhl nicht aus Stoff bestehen muss, warum dann der Wach-Stuhl? Zugegebenermaßen sind die Verhaltensmuster des Wach-Stuhls *gesetzmäßiger* als die des Traum-Stuhls – er verwandelt sich nicht plötzlich in einen rosafarbenen Elefanten –, aber warum sollte eine gewisse Gesetzmäßigkeit im Verhalten denn Materie implizieren?

Berkeley argumentierte sogar, der Unterschied zwischen Träumen und dem, was wir als Realität bezeichnen, sei *ausschließlich* eine Frage von Gesetzmäßigkeit. In der Regel folge die Realität Gesetzen, wie sie unser gesunder Menschenverstand und unsere Naturwissenschaften festgelegt hätten, während das bei Träumen häufig nicht der Fall sei. Die Vorstellung von Materie trage aber nichts zu unserem Verständnis von Gesetzmäßigkeiten bei. Wir gewönnen nichts durch sie – sondern verlören sogar etwas, da Materie ein völlig bedeutungsloser Begriff sei.

•

Ich sitze in meinem Arbeitszimmer am Schreibtisch und schreibe. Ich bekomme Durst. Ich verlasse das Arbeitszimmer, schließe die Tür hinter mir und gehe in die Küche. Ich mache mir einen Tee. Ich gehe zurück in mein Arbeitszimmer, öffne die Tür und sehe meinen Bürosessel – ich nehme an, es sei derselbe Bürosessel, auf dem ich saß, bevor ich mir meinen Tee holen ging. Eines der größten Argumente zugunsten der Existenz von Materie ist, dass *etwas* während meiner gesamten Abwesenheit in meinem Arbeitszimmer geblieben sein muss und dass dieses *zurückgelassene Etwas* erklärt, wie der Sessel dort gewesen sein kann, als ich das Zimmer verließ, und noch immer dort ist, wenn ich zurückkomme. Das ist die grundlegende Funktion von Materie: Sie existiert, selbst wenn wir uns ihrer nicht bewusst sind. Ihr ist es egal, ob wir sie sehen oder nicht.

Wir geraten jedoch in Schwierigkeiten, sobald wir versuchen, uns diese Materie vorzustellen – diesen materiellen Sessel, der in meinem Arbeitszimmer geblieben ist. Was meinen wir damit? Wie ist er? Ist er braun? Hat er eine feste Rückenlehne und eine weich gepolsterte Sitzfläche? Wiegt er fünf Kilo? Ist er bequem? Sieht er gut aus?

Das Problem besteht darin, was wir mit all diesen Eigenschaften meinen. Braun ist etwas, das ich *sehe*. Ich kann mir kein Braun vorstellen, ohne mir vorzustellen, Braun zu *sehen.* Klar, ich kann ein mathematisches Modell elektromagnetischer Wellen einer bestimmten Frequenz entwerfen – aber der Gedanke an elektromagnetische Wellen ist ein völlig anderer als der Gedanke an Braun (versuchen Sie's ruhig). Ohne zu sehen, oder zumindest ohne mir vorzustellen, dass ich sehe, verliert »Braun« allen Inhalt – es ist ein leeres Wort.

Dasselbe ließe sich für »fest« oder »weich gepolstert« sagen. Diese Eigenschaften *spüre* ich. Ich kann mir etwas Festes oder weich Gepolstertes nur vorstellen, indem ich mir vorstelle, es *anzufassen.* Ohne einen Tastsinn sind »fest« und »weich gepolstert« leere Wörter. Die Wörter sind an Sinneseindrücke gebunden.

Dasselbe gilt sogar dafür, fünf Kilo zu wiegen. Fünf Kilo ist eine Beschreibung dafür, wie schwierig es ist, etwas anzuheben oder herumzuschieben. Ich kann mir keine fünf Kilo vorstellen, ohne mir auszumalen, etwas anzuheben oder herumzuschieben. Die Bedeutung ist *an das Gefühl gebunden*, welchen *Widerstand* etwas meiner realen oder imaginierten Handlung entgegensetzt.

Wenn ich mir in der Küche meinen Tee koche, kann ich mir mühelos meinen Sessel in meinem Arbeitszimmer vorstellen. Ich stelle ihn mir braun vor, fest und weich gepolstert und fünf Kilo schwer. Damit habe ich keinerlei Schwierigkeit. Aber all diese Eigenschaften sind von *mir* abhängig – oder von jemandem wie mir. Um einen Sinn zu ergeben, erfordern sie mein Sehvermögen, meinen Tastsinn, mein Empfinden, etwas zu schieben oder hochzuheben. Doch der materielle Sessel in meinem Arbeitszimmer soll sich ja gerade dadurch auszeichnen, dass *er nichts mit mir zu tun hat.* Er braucht mich nicht. Ich könnte in der Küche durch ein Gasleck sterben –

die gesamte Welt und jedes Lebewesen in ihr könnte an einer plötzlichen und geheimnisvollen Krankheit sterben –, und der materielle Sessel stünde noch immer im Arbeitszimmer.

Aber was *ist* dann dieser materielle Sessel? Er ist nicht braun, weil er nicht gesehen oder imaginär gesehen wird. Er ist nicht fest oder weich gepolstert, weil er nicht berührt oder imaginär berührt wird. Er wiegt keine fünf Kilo, weil er nicht angehoben oder herumgeschoben wird, ob in der Realität oder in der Vorstellung. So seltsam es klingen mag, der materielle Sessel hat keine Eigenschaften.[D]

An dieser Stelle ruft normalerweise jemand: Moment mal. Der Sessel ist ja in Wirklichkeit eine Ansammlung von Atomen. Und das sei schließlich eine Eigenschaft. Selbst wenn niemand braun sehe oder fest oder weich gepolstert spüre oder sich vorstelle, irgendetwas herumzuschieben, seien die *Atome* ja da.

Aber leider, leider kann ich mit den Atomen dasselbe anstellen wie gerade mit dem Sessel. Atome sollen Dinge sein, die ein bestimmtes Gewicht haben, eine bestimmte Größe und bestimmte Eigenschaften, durch die sie andere Atome abstoßen oder anziehen. Doch selbst wenn ihr Gewicht sehr viel geringer ist als das eines Sessels, muss ich immer noch an Herumschieben oder Hochheben denken,

D Man könnte versuchen, die Eigenschaftslosigkeit des Sessels zu umgehen, indem man sagt, er habe die Eigenschaft, die Wahrnehmung eines Sessels hervorzurufen, wenn er durch einen Menschen oder einen anderen wahrnehmenden Akteur wahrgenommen werde. Das ist im Grunde das, was Kant mit seinem »Ding an sich« versuchte. Allerdings bleibt diese neue »Eigenschaft« so abhängig von der menschlichen Wahrnehmung wie jede andere auch, da sie ohne echte oder imaginäre menschliche Wahrnehmung verschwindet. Außerdem bringt sie die Absurdität mit sich, dass in einem Universum, in welchem nie Leben entstanden wäre, sogenannte »Dinge« »existieren« würden, deren einzige Eigenschaft wäre, in nichtexistenten Lebewesen eine bestimmte Wahrnehmung hervorzurufen.

um mir Gewicht überhaupt vorstellen zu können. Um mir Größe vorstellen zu können, muss ich mir Sehen vorstellen. Um mir Abstoßen oder Anziehen vorzustellen, muss ich mir vorstellen, einen Schub oder Zug zu spüren. Ohne mir diese Sinneseindrücke vorzustellen, sind »Größe«, »Gewicht« und »Anziehung« leere Wörter. Obwohl ich ein Atom also nie so direkt wie den Sessel wahrnehme, muss ich, damit das Wort »Atom« überhaupt eine Bedeutung hat, auf meine Sinneseindrücke zurückgreifen. Ziehe ich die Sinneseindrücke des Sehens, Fühlens und Schiebens von meiner Vorstellung eines Atoms ab, bleibt nichts von dieser Vorstellung übrig. Genau so, wie nichts vom Sessel übrig bleibt.

•

Wenn wir also davon ausgehen, es gebe Materie – Stoff, dessen Existenz nicht davon abhängt, wahrgenommen zu werden –, dann hat diese Materie gar keine Eigenschaften. Aber zu sagen, Materie habe keine Eigenschaften, ist, als würde man sagen, das Wort sei eine leere Chiffre – es bezieht sich auf nichts. Warum, fragte Berkeley, sollten wir unser Verständnis dessen, was *existiert*, mit einem bedeutungslosen Begriff wie »Materie« verwechseln? Stattdessen schlug er vor: *Esse est percipi (aut percipere)*. Oder verständlicher: *Sein ist Wahrgenommenwerden (oder Wahrnehmen)*.

Dieses »Sein« ist genau das »Sein« unserer Träume und Halluzinationen. In ihnen machen wir oftmals Erfahrungen, die genauso real sind wie die im Wachzustand, aber wenn wir aufwachen, sehen wir uns nicht genötigt, auf einen bedeutungslosen Begriff (»Materie«) zurückzugreifen, um dem Ganzen Rückhalt zu verleihen. Und wenn wir in unseren

Träumen keine Materie brauchen, um Dinge wahrzunehmen, warum sollten wir sie sonst irgendwo brauchen?

Aber nicht nur unsere Träume und Halluzinationen kommen großartig ohne Materie aus. In Computerspielen kann man ziemlich genau wie in unserer normalen Welt durch virtuelle Welten reisen. Wenn Sie mit Ihrem virtuellen Auto hundert Meter nach Westen fahren, dann nach Norden, dann nach Osten, dann nach Süden, landen Sie an demselben virtuellen Ort, an dem Sie losgefahren sind. Vielleicht ist es ein Platz mit einem hübschen Springbrunnen. Als sie westwärts vom Springbrunnen weggefahren sind, haben Sie aufgehört, ihn wahrzunehmen. Als Sie vom Norden her, dem letzten Abschnitt Ihrer Fahrt, wieder darauf zugesteuert sind, haben Sie ihn wieder wahrgenommen. Der Springbrunnen ist wie der Sessel in meinem Arbeitszimmer – etwas, das ich oder Sie zurückgelassen und nicht mehr wahrgenommen haben und zu dem wir dann zurückgekehrt sind und es wieder wahrgenommen haben.

Im Computerspiel gehen Sie nicht davon aus, dass ein materieller Springbrunnen an einem festen Ort geblieben war, während Sie herumgefahren sind. Sie akzeptieren, dass der Springbrunnen nicht fortwährend existiert hat; bestimmte Bedingungen haben bei Ihrer Rückkehr die Spiel-Software das Bild des Springbrunnens neu schaffen lassen. Der Springbrunnen im Computerspiel existiert nicht, wenn er nicht wahrgenommen wird.

Mit derselben Einbildung spielen die *Matrix*-Filme. Ist man eingestöpselt, navigiert man durch eine stimmige Welt, die wie unsere wirkt. In einer eindrücklichen Szene aus *Matrix Reloaded* gibt es ein saftiges Rindersteak und ein Stück Schokoladentorte, die die Figur des Merowingers in einem

Restaurant isst, bevor er zum Sex auf die Toilette verschwindet. Steak und Torte sind überaus sinnlich (den Sex sehen wir nicht). Doch statt Materie liegt ihnen ein Computercode zugrunde. Die herrlichen Geschmäcker und Gefühle brauchen keine Materie, um zu existieren.

•

Niemand glaubte Berkeley. Seine Philosophie ließ zahlreiche Limericks, Scherzgedichte, entstehen – immerhin war er Ire. Das Problem des Sessels, der im Arbeitszimmer weiterexistiert, wenn ich gerade in der Küche bin, erschien als das Problem eines Baumes, der im Innenhof einer Universität weiterexistiert, wenn alles schläft:

> Einst meinte ein Jungphilosoph,
> Gott müsse wohl denken: Recht doof!
> Wenn er fände den Baum,
> wie der stände im Raum,
> selbst wenn niemand da wäre im Hof.

Berkeleys Schwäche war, dass er es selbst »recht doof« fand, dass der Baum *nicht* weiter im Innenhof der Universität existieren sollte – oder eben der Sessel im Arbeitszimmer. Seine Reaktion illustriert ein zweiter Limerick:

> Werter Herr, Ihr Staunen wirkt toll,
> im Innenhof bin ich, jawoll!
> Drum steht auch der Baum
> fortwährend im Raum,
> erfasst von Gott, hochachtungsvoll.

Wie in seinem Traktat über Teerwasser kommt der Bischof am Ende auf Gott zu sprechen. Aber wie. Nicht nur glaubt Berkeley, *esse est percipi* sei selbsterklärend für jeden, der mal drüber nachdenke – er glaubt auch, dass darin ein klarer Beweis für die Existenz Gottes liege. Der Anfangsidee, der Baum im Innenhof der Universität müsse wahrgenommen werden, um zu existieren, fügt er hinzu, dass es absurd wäre, anzunehmen, der Baum schaue kurz im Dasein vorbei und verschwinde dann wieder, je nachdem, ob gerade Menschen den Hof beträten oder verließen. Sein Fazit? Etwas anderes als ein Mensch müsse den Baum wahrnehmen – und ihn fortwährend wahrnehmen, damit er fortwährend existieren könne. Und wer ist der einzige Kandidat, um den Baum immer wahrzunehmen? Gott natürlich. Der entsprechende Syllogismus, ein aus zwei Prämissen gezogener logischer Schluss, sieht dann wie folgt aus:

> *Esse est percipi.* (Sein ist Wahrgenommenwerden.)
> Der Baum existiert fortwährend.
> Deshalb wird der Baum fortwährend wahrgenommen (und das einzige Wesen, das den Baum fortwährend wahrnehmen kann, ist Gott, und deshalb muss Gott den Baum fortwährend wahrnehmen, und deshalb existiert Gott).

Zugegebenermaßen ist das Fazit dieses Syllogismus ein bisschen verschachtelt. Aber es geht noch verschachtelter, etwa wenn man ein paar weitere von Berkeleys Ideen zu Gott unterbringen will, wie in diesem Versuch der Philosophin Lisa Downing (der Sie überzeugen könnte, auf keinen Fall hauptberuflich Philosoph zu werden):

> Ein X existiert zur Zeit Z, falls, und nur falls, Gott einen Impuls hat, der einem Wollen entspricht, dass, falls ein finiter Verstand in Z sich in den richtigen Umständen befindet (z. B. an einem bestimmten Ort, in die richtige Richtung oder durch ein Mikroskop blickend), dieser wiederum einen Impuls haben wird, von dem wir behaupten könnten, er sei die Wahrnehmung eines X.[31]

Bei so viel Verschachtelung könnte einem Materie bei allen Schwächen fast noch lieber sein.

•

Berkeleys Problem war, dass er auf zwei Hochzeiten gleichzeitig tanzen wollte. Eigentlich sogar erst auf einer, dann auf noch einer und dann auf noch einer. Er wollte »Sein ist Wahrgenommenwerden«. *Und* er wollte, dass Objekte (wie der Baum oder der Sessel) fortwährend existieren. *Und* er wollte bestimmte Vorstellungen behalten, die er schon von Gott hatte.

Dieses ganze verschachtelte System lässt sich stark vereinfachen, wenn wir zwei Ideen fusionieren. Die erste Idee lautet, dass »Materie«, wie wir gesehen haben, eigentlich bloß als Platzhalter für »nicht wahrgenommene Existenz« fungiert. Das Problem der Existenz, die niemand mitbekommt, löst der materielle Baum, weil das nun mal ist, was Materie *tut.* Sie ist da, ob's einem gefällt oder nicht; sie ist da, egal ob irgendwer etwas mit ihr zu tun hat oder nicht. Aber wie wir auch gesehen haben, hat dieser Platzhalter keinen Inhalt. Ob Baum oder Sessel oder Atom, um mehr als eine leere Chiffre zu sein, benötigt es unsere Wahrnehmung, ob nun die echte oder die imaginierte. »Nicht wahrgenommene Existenz« und »Materie« laufen in Wirklichkeit auf dasselbe unstimmige Konzept hinaus – ein Konzept, das zwar nach einem Konzept klingt, weil wir Wörter dafür haben, aber eigentlich gar kein Konzept ist, weil diese Wörter leer sind. Ohne Wahrnehmung können wir kein Konzept von der Welt haben, obwohl wir uns hier ständig etwas vormachen – immer wenn wir glauben, Dinge bestünden aus Materie.

Die zweite Fusion geschieht zwischen dem Wahrnehmenden und dem Wahrgenommenen. Eigentlich lautet Berkeleys Gleichung nicht »Sein ist Wahrgenommenwerden«, sondern: »Sein ist Wahrgenommenwerden (oder Wahrnehmen)«. Nicht nur der Baum existiert im Innenhof, wenn ein Student ihn ansieht – der Student existiert ebenso. (Berkeley bezeichnete den Baum als *Vorstellung* und den Studenten als *Geist*, meinte damit aber nichts anderes als eben das: etwas Wahrgenommenes und einen Wahrnehmenden.) Versuchen wir allerdings, den Wahrnehmenden oder das Wahrgenommene vom jeweils anderen abzugrenzen, landen wir am Ende wieder bei der Leere. Gibt es keinen Wahrnehmenden (den Studenten), gibt es auch nichts wahrzunehmen (den Baum), und somit kann der Baum nicht existieren. Aber dasselbe gilt für den Wahrnehmenden (den Studenten). Hat der Wahrnehmende keine Wahrnehmungen, ist er kein Wahrnehmender und existiert also auch nicht. Wahrnehmen und Wahrgenommenwerden ist wie ein Tanz – und, wie es Berkeleys irischer Landsmann William Butler Yeats in seinem Gedicht *Unter Schulkindern* ausdrückte: »Wo trennt man nur den Tänzer und den Tanz?«[32] Wir können sie nicht voneinander trennen. Ohne einen Tänzer gibt es keinen Tanz; und ohne einen Tanz gibt es keinen Tänzer. Ohne einen Wahrnehmenden gibt es nichts Wahrgenommenes; und ohne das Wahrgenommene gibt es keinen Wahrnehmenden.

Wenn Sie sich fragen, wer oder was *Sie* eigentlich sind, und dieses Ding ausfindig machen wollen, indem Sie all Ihre Sinneseindrücke, Gefühle, Gedanken, Glaubensvorstellungen, Fantasien, Erinnerungen, Überzeugungen abziehen – kurz gesagt alles, was Sie wahrnehmen –, um das »Ich« hinter all dem zu finden, bleibt Ihnen am Ende kein »Kern-Ich«, das all diese Dinge wahrnimmt. Es bleibt Ihnen gar nichts. Es bleibt nichts übrig. Selbst wenn Sie Ihre Augen schließen, ist Ihnen immer noch warm oder kalt, Sie fühlen sich wohl oder unwohl, hören alle möglichen Geräusche oder Ihren Herzschlag, Sie riechen die Luft oder schmecken den Speichel in Ihrem Mund. Sie können sich nicht von Ihren Wahrnehmungen lösen. Die Welt ist nicht losgelöst vom wahrnehmenden Subjekt – aber genauso wenig ist das wahrnehmende Subjekt losgelöst von der Welt.

Dasselbe gilt, wenn Sie die Grenze zwischen Ihrem Körper und der Welt bestimmen wollen. In Ihrem Darm schwimmen Millionen von Bakterien, ohne die Sie nicht überleben könnten – und die Bakterien auch nicht ohne Sie. Sind sie ein Teil von Ihnen? Sie haben keine gemeinsame DNA. Und trotzdem, würden Sie die Bakterien entfernen, würden Sie selbst sterben. Oder denken Sie an Ihren Körper, wenn Sie gerade eingeatmet haben – ist die Luft in Ihren Lungen ein Teil von Ihnen oder losgelöst von Ihnen? Auch die Luft brauchen Sie zum Überleben. Betrachten Sie diese Luft als einen Teil von sich und atmen aus, hat ein Teil von Ihnen Sie soeben verlassen und sich mit der Atmosphäre vermischt. Betrachten Sie diese Luft als keinen Teil von sich, ist Ihr Körper mit einer fremden Substanz gefüllt – allerdings einer, ohne die es Sie gar nicht geben würde. Ein Teil dieser Substanz wird von Ihrem Blut aufgenommen und kreist durch Ihren gesamten Körper, dringt auch in die allerletzte Zelle ein und ermöglicht Ihnen, alles zu tun, was Sie je tun – am Leben zu bleiben mit inbegriffen. Sind das Sie oder sind Sie das nicht? Ihre Fingernägel, Ihr Schleim, Ihre Haare, all das sind Sie und nicht Sie. Ihre Haut schält sich fortlaufend ab. Die Atome in Ihrem Körper werden laufend von anderen Atomen ersetzt; rein physisch gesehen sind Sie nach einer gewissen Zeit ein komplett neues Modell.[E] Essen wandert in Ihren Mund und verlässt Sie durch Ihren Anus. Die Welt ist ein Teil von Ihnen, und Sie sind ein Teil der Welt.

Fügen wir die beiden obigen Fusionen aneinander, können wir uns keine Welt ohne Wahrnehmung vorstellen und keine Wahrnehmung ohne Welt. Paradox ist das nur, solange wir darauf bestehen, die Welt als getrennt von uns selbst zu begreifen. Sind der Tänzer und der Tanz eins – der Wahrnehmende und das Wahrgenommene –, verschwindet das Paradox.

•

Ich denke, der spätere Bischof von Cloyne wollte auf ebendiesen Punkt hinaus, bis ihm Gott in die Quere kam. Aber er kam ganz nah ran. Berkeley sah klar die Absurdität und Leere der Vorstellung von Materie und der einer Existenz, die von Wahrnehmung getrennt ist – ihm zufolge handelt es

E Für eine vom Roboteringenieur Steve Grand verfasste erhellende Diskussion siehe https://stevegrand.wordpress.com/2009/01/12/where-do-those-damn-atoms-go.

sich um dieselbe Vorstellung. Er löste diese Absurdität mit einer Art universeller Wahrnehmung, die er Gott zuschrieb. Der Baum existiert fortwährend, weil Gott ihn fortwährend wahrnimmt, und *esse est percipi.*

Es gibt noch eine andere Lösung für das Problem des Fortwährens, und obgleich Berkeley sie direkt vor der Nase hatte, sah er sie nicht.

Esse est percipi (aut percipere) – Sein ist Wahrgenommenwerden (oder Wahrnehmen). Genau da steht's, in der Klammer.

Was wäre, wenn der Baum im Innenhof selbst wahrnähme? Was wäre, wenn der Baum, in Berkeleys Terminologie, ein *Geist* wäre?

Bis vor nicht allzu langer Zeit wäre man für die Idee, Bäume nähmen wahr, auf dem universitären Innenhof ausgelacht worden – Gelehrte wollten nichts davon hören. Heute sehen Wissenschaftler das anders. Im Kapitel »Sein oder Nichtsein« schauen wir uns später an, was sie zu sagen haben. Fürs Erste reicht es, Folgendes anzumerken: Falls Bäume tatsächlich wahrnehmen, müsste es Berkeley nicht mehr »recht doof« finden, dass der Baum weiter im Raum stände, »selbst wenn niemand da wäre im Hof«. Schließlich wäre der Baum – ein Geist – dann selbst »im Hof«, und mehr brauchte es nicht.

Wenn wir dächten, dass nicht nur Bäume, sondern auch Steine und Flüsse und Wolken Geister in Berkeleys Sinn seien – also wahrnehmend –, würden wir die Welt sehr anders empfinden. Es wäre eine Welt, wie sie der Homo sapiens während des Großteils seiner Vorgeschichte erfahren hat – also während weit über 90 Prozent der Zeit, die wir als Spezies existieren. Nach wie vor mit der Wildnis verbunden, erfahren viele indigene Völker diese Welt auch heute noch.

Diese Sichtweise wird gemeinhin als Animismus bezeichnet. In der Regel nahm sie immer dann und dort ab, wenn Menschen sich vom Jagen und Sammeln ab- und der Landwirtschaft zuwandten, wo Pflanzen und Tiere von, in Yuval Hararis Worten[33], »gleichberechtigten spirituellen Partnern« zu »stummen Besitzgütern« wurden. Systematisch verurteilt und ausgerottet wurde der Animismus in großen Teilen der Welt durch Berkeleys Religion, das Christentum, das der Natur innewohnende, nichtmenschliche Geister mit Heiligen ersetzte – Männer und Frauen, die nicht in Bäumen oder Flüssen lebten, sondern im Himmel. Oftmals ging die christliche Missionierung einher mit kolonialistischem Genozid und ökologischer Zerstörung durch einen Ressourcenabbau auf Land, das Europäer den ursprünglichen Bewohnern abgenommen hatten. So gibt es heute, anteilsmäßig zur Weltbevölkerung, nur noch sehr wenige Animisten.

Den meisten von uns ist die Erfahrung des Animismus völlig fremd, und in den meisten europäisch geprägten Gesellschaften gilt sie einfach als falsch – ob es einem gefalle oder nicht, die westliche Wissenschaft habe bewiesen, dass die Dinge anders lägen, als Animisten glaubten. Nehmen wir allerdings im Sinne des Guten Bischofs ernst, dass die Welt nicht von uns getrennt ist und wir nicht getrennt von der Welt sind – dass wir uns keine Welt ohne Wahrnehmung vorstellen können und keine Wahrnehmung ohne Welt, dass *esse est percipi (aut percipere)* –, dann regen sich in uns vielleicht erste Zweifel an unserem »Wissen« und noch grundlegender daran, wie wir eigentlich zu diesem gekommen sein wollen.

Wenn Berkeley recht hat und Materie ein unstimmiges Konzept ist, es stattdessen nur Wahrnehmen und Wahrgenommenwerden gibt, dann gerät die grundlegende Lehre des Kartesianismus – dass die physische Welt mühelos ohne jegliches Bewusstsein existieren kann – in arge Bedrängnis. Die grundlegende Lehre des Animismus – dass die physische Welt aus Erfahrenden besteht – würde dann einen eleganten Ausweg aus dem Dilemma bieten (wenngleich keinen im Sinne Berkeleys, dem ja die Vorstellung eines allwahrnehmenden Gottes lieber war).

Berkeley zufolge können wir unterscheiden, was real ist und was nicht, ohne auf die Vorstellung von Materie zurückgreifen zu müssen, indem wir nach Gesetzmäßigkeiten in unserer Erfahrung Ausschau halten: Das Reale zeigt sich uns in Form verlässlicher Gesetzmäßigkeiten, während ein Traum oder eine Halluzination das nicht tun. Demgegenüber gilt nach einem der Lehrsätze des grundlegenden Animismus, dass Menschen mit anderen Erfahrenden, aus denen die physische Welt besteht, in Kontakt treten können – und dass dieser Kontakt oftmals ungeregelt, sporadisch, spontan und traumartig ist.

Im Kapitel »Der Heilige David« untersuchen wir nun das Verhältnis zwischen dem Realen und dem Gesetzmäßigen.

KAPITEL 2

Der Heilige David

Worin ein Fehler der westlichen Wissenschaft aufgedeckt wird und ein Philosoph sich mit Brettspielen aus der Melancholie rettet.

Warum fällt ein Stein zu Boden, wenn ich ihn fallen lasse? Für gewöhnlich lautet die Antwort: aufgrund der Schwerkraft.

Das ist eine recht seltsame Antwort. »Schwerkraft« steht hier für die Vorstellung, dass zwei Massen, ungehindert durch andere Kräfte, sich immer aufeinander zubeschleunigen. Der Stein ist eine Masse; die Erde ist eine Masse; sie beschleunigen sich aufeinander zu; also fällt der Stein auf die Erde (und die Erde fällt hinauf zum Stein, aber weil sie so riesig ist, bloß ein winziges bisschen). Aber wie sind wir eigentlich auf die Idee gekommen, dass sich zwei beliebige frei bewegliche Massen immer aufeinander zubeschleunigen – die Idee der Schwerkraft?[F]

F In diesem Kapitel spreche ich davon, dass zwei Massen sich aufeinander zubeschleunigen, und nicht, dass sie einander anziehen, und zwar aus zwei Gründen. Erstens ist es das, was wir tatsächlich sehen. Wir sehen, wie sich der Stein bewegt; wir sehen keine »Anziehung« zwischen dem Stein und der Erde. Zweitens ist Newtons Vorstellung von der Schwerkraft als Anziehung nur eine unter mehreren Erklärungen. So schrieb Einstein: »Newton verzeih' mir«, als er dessen System mit dem eigenen ersetzte. Bei Einstein beinhaltet Schwerkraft nicht, dass zwei Massen einander »anziehen«, sondern vielmehr, dass sie die Raumzeit krümmen. Aristoteles glaubte, der Stein falle, weil es im Wesen schwerer Dinge liege, nach unten zu streben, so wie es im Wesen leichter Dinge wie Rauch liege,

Wir sind darauf gekommen, indem wir viele Massen beobachtet und gesehen haben, dass sie sich wirklich jedes Mal so verhalten. Jedes einzelne Mal, wenn wir einen Stein haben fallen lassen, ist er gefallen. Unser ganzes Leben lang, und schon lange davor, ist der Mond um die Erde herumgefallen und die Erde um die Sonne.[G] Und jedes Mal, wenn wir einen Schritt gemacht haben, sind auch wir gefallen – und haben uns in der Regel mit unserem vorderen Fuß wieder aufgefangen. (Gehen ist eine Aneinanderreihung abgefangener Stürze, wie man bei Babys sehen kann, die es gerade ausprobieren. Beim Baby werden die Stürze häufig noch nicht so gut abgefangen.) Selbst zwei Billardkugeln im Weltall oder in einer anderen reibungslosen Umwelt beschleunigen sich immer aufeinander zu.

Da wir jedes Mal, wenn wir zwei Massen aufmerksam beobachtet haben, zum Schluss kamen, dass sie sich aufeinander zubeschleunigen, solange keine anderen Kräfte auf sie einwirken, haben wir beschlossen, ein Gesetz zu erfinden – das Gesetz der Schwerkraft –, dem zufolge zwei solcher Massen sich *immer* aufeinander zubeschleunigen.

An diesem Gesetz sind zwei Dinge bemerkenswert.

Erstens entstammt es unseren eigenen Beobachtungen. Es ist nicht so, als würde zuerst das Gesetz bestehen – »Mas-

nach oben zu streben. Rauch wurde vom Himmel nicht »angezogen«. Er gehörte einfach dorthin. Worin Newton, Einstein und Aristoteles übereinstimmten und was wir jeden Tag sehen, ist nicht »Anziehung«, nicht gekrümmte Raumzeit und nicht das Wesen schwerer Dinge. Sondern eben, dass sich der Stein auf die Erde zubewegt. (Und messen wir nur genau genug, sehen wir, dass er in der Bewegung schneller wird. Wie auch die Erde, die sich – minimal – auf den Stein zubewegt.)

G Sie fallen nicht *aufeinander*, weil sie sich bereits so schnell in eine andere Richtung bewegen – vielmehr stürzen sie von der geraden Linie, der sie eigentlich folgen würden, *hinein* in eine Kurve.

sen beschleunigen sich immer aufeinander zu« –, und die Massen würden dann wie gute Bürger dem Gesetz gehorchen. Nein – vielmehr ist das Gesetz *Ausdruck* der beobachteten Tatsache, dass wir, wenn wir aufmerksam hingeschaut haben, bis jetzt immer diese Beschleunigung gesehen haben.

Beobachte ich eine große Straße voller Autos mit guten Bürgern am Steuer, könnte mir auffallen, dass jeder einzelne die Geschwindigkeitsbegrenzung von 50 km/h einhält. Hier handelt es sich um einen Fall, in dem ein Gesetz vorschreibt, was zu tun ist, und gute Bürger halten sich daran. Es ist *nicht* vergleichbar mit der Situation beim Gesetz der Schwerkraft. Die Situation beim Gesetz der Schwerkraft ist, als würden wir bemerken, dass sich alle Bürger an die Geschwindigkeitsbegrenzung von 50 km/h halten, *ohne dass Schilder oder Vorschriften überhaupt eine Geschwindigkeitsbegrenzung ausgesprochen hätten* – um dann zu sagen: »Hm, es wirkt wie eine *Tatsache*, dass, wann immer wir gerade hinschauen, niemand die 50 km/h überschreitet – stellen wir mal eine Vermutung über das allgemeine Verhalten dieser Bürger an und sagen, sie fahren *nie* schneller als 50 km/h. Diese Vermutung nennen wir dann ›Gesetz‹.«

Jetzt, da wir unser »Gesetz« haben, mag irgendein Naivling daherkommen und sagen: »He, guckt mal, diese Bürger halten sich alle an die Geschwindigkeitsbegrenzung von 50 km/h. Warum tun sie das?«

Was sollen wir diesem Naivling antworten? Wir könnten sagen: »Ach ja, wir haben gerade ein Gesetz entdeckt. Demnach fahren Bürger nie schneller als 50 km/h. Sie fahren alle so aufgrund dieses Gesetzes.«

Mit dieser Logik stimmt etwas nicht. Solange Geschwindigkeitsbegrenzungen bestanden, war das Gesetz eine gute

Erklärung für das Verhalten, weil das Gesetz vom Verhalten getrennt war; es führte überhaupt erst zum Verhalten. Doch in unserem Fall trägt das Gesetz gar nichts zu unserem Wissen über das Verhalten bei. Es ist nicht getrennt vom Verhalten – vielmehr ist es aus dem Verhalten heraus entstanden, es ist dessen *Bezeichnung*. Das Gesetz ist nichts anderes als eine erneute Feststellung, dass wir durchweg eine Reihe von Tatsachen beobachtet haben.[H]

Wenn wir sagen, ein Stein falle jedes Mal, wenn wir ihn fallen lassen, weil er dem Gesetz der allgemeinen Schwerkraft gehorche, befinden wir uns in einer vergleichbaren Lage. Wir haben dieses Gesetz erfunden, *weil wir immer gesehen haben, dass sich frei bewegliche Massen aufeinander zubeschleunigen*. Jetzt einfach zu sagen, dass sich derlei frei bewegliche Massen *aufgrund dieses Gesetzes* immer aufeinander zubeschleunigen, ist doch ziemlich seltsam. Oder?

Dann schnallen Sie sich mal gut an, es wird noch viel seltsamer.

•

Der zweite bemerkenswerte Punkt an unserem Gesetz ist, dass es auf einer wesentlichen Annahme über den Lauf der Welt basiert. Das Gesetz nimmt als gegeben an, dass sich

H Man könnte behaupten, dass nach dem Gesetz auf dem Schild Masse Raumzeit krümmt, im Sinne Einsteins – oder Massen einander anziehen, im Sinne Newtons –, und die Beschleunigung tatsächlich daher rührt, dass sie eines dieser beiden Gesetze befolgt. Aber auch diese Gesetze stehen auf keinen Schildern. Sie sind Zusammenfassungen vergangener Beobachtungen – in diesem Fall unserer Beobachtung, dass Massen sich immer in einem Maß aufeinander zubewegt haben, das mit Berechnungen über gekrümmte Raumzeit (oder gegenseitige Anziehungskraft) übereinstimmt.

Massen, wenn sie sich in der Vergangenheit immer aufeinander zubeschleunigt haben, es auch zukünftig tun werden.

Auf den ersten Blick wirkt diese Annahme recht vernünftig, und ich würde wetten, dass wir ihr fast alle zustimmen. Allerdings entdeckte in den 1730er-Jahren ein sehr junger schottischer Philosoph – wie Berkeley war er zur Zeit seiner bedeutendsten Schriften noch keine dreißig –, dass diese Annahme ganz und gar nicht vernünftig ist. Und seitdem hat es niemand geschafft, ihn zu widerlegen.

Besagter Philosoph war über seine Entdeckung überhaupt nicht glücklich. Er schrieb:

> Zunächst sehe ich mich durch die menschenleere Einsamkeit, in die mich meine Philosophie geführt hat, in Schrecken und Verwirrung gesetzt; ich könnte mir einbilden, ich sei ein seltsames, ungeschlachtes Ungeheuer, das, nicht geeignet, sich unter die Menschen zu mischen und mit Menschen zu leben, aus allem menschlichen Verkehr ausgestoßen worden und völlig einsam und trostlos gelassen worden ist. […] Alle Welt verschwört sich mir feindlich entgegenzutreten und zu widersprechen.[34]

Wir könnten ihn wohl der Übertreibung verdächtigen. Welche Wahrheit kann er schon entdeckt haben, die ihn zu einem »seltsamen, ungeschlachten Ungeheuer« machen würde, »aus allem menschlichen Verkehr ausgestoßen«?

Und ja, vielleicht hat er wirklich ein bisschen übertrieben. Aber stellen Sie sich mal vor, jemand würde heute behaupten, er habe einen fatalen Fehler in der gesamten westlichen Wissenschaft entdeckt, von Isaac Newton über Albert

Einstein, Stephen Hawking bis zu Richard Dawkins und darüber hinaus. Ein Denkfehler, durch den das gesamte Gerüst der Naturwissenschaften in Zweifel gezogen würde, weil dessen Grundlage zerstört wäre: die Experimentalmethode selbst. Und was, wenn diese Person das nicht nur behaupten würde, sondern damit auch noch recht hätte? Und was, wenn … ihr niemand zuhören würde, ihrem Denken keinerlei Beachtung geschenkt würde? Was, wenn sie sogar verleumdet, beleidigt, zurückgewiesen und geschmäht würde – weil sie eine Wahrheit ausgesprochen hätte, die niemand hören wollte oder konnte?

So erging es David Hume in den meisten Kreisen seiner Zeit. Aber Hume war ein so netter Kerl, so sanftmütig und gutherzig, dass er doch noch ein paar Freunde fand, die gewillt waren, ihm seine Ideen nachzusehen und ihm etwas Ablenkung zu verschaffen von dem, was er als »denkbar beklagenswerteste Lage […] umgeben […] von der tiefsten Finsternis« beschrieb.

Und so konnte Hume die schreckliche Wahrheit, die er entdeckt hatte, ignorieren – was er auch anderen nahelegte, sollte irgendwer seine Schriften lesen und verstehen –, indem er sich Zerstreuungen suchte:

> Da die Vernunft unfähig ist, diese Wolken zu zerstreuen, so ist es ein glücklicher Umstand, daß die Natur selbst dafür Sorge trägt und mich von meiner philosophischen Melancholie und meiner Verwirrung heilt, sei es, indem sie die geistige Überspannung von selbst sich lösen läßt, sei es, indem sie mich aus ihr durch einen lebhaften Sinneseindruck, der alle diese Hirngespinnste verwischt, gewaltsam he-

> rausreißt. Ich esse, spiele Tricktrack [Backgammon], unterhalte mich, bin lustig mit meinen Freunden. Wenn ich mich so drei oder vier Stunden vergnügt habe und dann zu jenen Spekulationen zurückkehre, so erscheinen sie mir so kalt, überspannt und lächerlich, daß ich mir kein Herz fassen kann, mich weiter in sie einzulassen.[35]

Gott sei Dank gibt's Brettspiele.

•

Die schreckliche Wahrheit, die Hume entdeckte, ist sehr einfach und sehr kompliziert. Denn aus einem simplen Grund gehen wir davon aus, dass zwei Massen sich auch zukünftig aufeinander zubeschleunigen werden: Weil sie es in der Vergangenheit immer getan haben. Nicht, weil es da draußen ein Schild gäbe oder ein Gesetz, erlassen von Gott, Newton oder Einstein; wie wir gesehen haben, gibt es in diesem Sinne gar kein Gesetz. Obwohl wir unsere vergangenen Beobachtungen in einem mathematischen Gesetz beschrieben und verankert haben und es schaffen, uns vorzumachen, Massen würden es *befolgen*, bleibt dieses Gesetz unsere Fiktion.[I] Das Gesetz entstammt dem Verhalten, nicht das Verhalten dem

I Ironischerweise ist die Erfindung eines wissenschaftlichen Gesetzes ein Überbleibsel der religiösen Vorstellung eines gesetzgebenden Gottes. Insofern wäre die Religion stimmiger als die Wissenschaft: Ein gesetzgebender Gott könnte ein Gesetz verkünden, das befolgt werden muss; demgegenüber wurde ein wissenschaftliches Gesetz als Resümee vergangener Beobachtungen nie erlassen und kann somit auch kaum befolgt werden. Tatsächlich ist die Vorstellung, fallende Steine befolgten Gesetze, ein ganz seltsamer Anthropomorphismus, ein Übertragen menschlicher Eigenschaften auf Nichtmenschliches.

Gesetz. Aber weil unser Glaube daran so stark ist, machen wir einen wichtigen Schritt: Wir lösen das Gesetz von der Vergangenheit und verleihen ihm einen neuen Status – nicht als Resümee dessen, was wir *beobachtet haben*, sondern als Prognose dessen, was wir *beobachten werden*. Durch diesen Schritt wird eine Reihe von Beobachtungen zu etwas, das wir kühn prädiktives Gesetz nennen.

Aber *warum*, fragte Hume, ziehen wir diesen voreiligen Schluss? Warum gehen wir davon aus, zwei Massen würden sich auch zukünftig aufeinander zubeschleunigen, wie sie es in der Vergangenheit immer getan haben? Ist es denn vernünftig, davon auszugehen? Anders gefragt: Warum denken wir, auf dieser grundlegendsten Ebene unserer Physik, *dass die Zukunft sein wird wie die Vergangenheit?*

Das ist einfach, mögen Sie sagen. Und ja, auf jeden Fall *wirkt* es einfach. Die Zukunft ist schon immer wie die Vergangenheit gewesen. Jeden Morgen geht die Sonne auf, wie seit Milliarden von Jahren. Bei jedem neuen Experiment mit zwei Massen beschleunigen sich diese aufeinander zu, wie in jedem Experiment zuvor – und jedes Mal, wenn wir einen Stein fallen lassen, und bei jedem Schritt, den wir machen, folgt das erwartete Fallen. Mit jedem neuen Tag erfahren wir wieder und wieder eine Zukunft, in der dieselben Gesetze gelten – das heißt, dieselben Phänomene auftreten – wie in der Vergangenheit. Und weil die Zukunft bislang immer war wie die Vergangenheit, ist es doch wohl ausgesprochen vernünftig anzunehmen, dass sie es auch immer sein wird.

Ebendiese Argumentation wurde von Hume zunichtegemacht.

Hier ist sie nochmals in ihrer einfachsten Form, bezogen auf unsere beiden Massen:

1. Zwei frei bewegliche Massen haben sich schon immer aufeinander zubeschleunigt.
2. Deshalb werden sich zwei frei bewegliche Massen immer aufeinander zubeschleunigen.

Hume sah, dass diese beiden Aussagen noch kein Argument ergeben. Etwas fehlt – eine versteckte Prämisse. Damit die Aussagen wirklich ein Argument ergeben, fügte er die notwendige zweite Prämisse hinzu. Dann lautet das Argument wie folgt:

1. Zwei frei bewegliche Massen haben sich schon immer aufeinander zubeschleunigt.
2. Die Zukunft wird immer wie die Vergangenheit sein.
3. Deshalb werden sich zwei frei bewegliche Massen immer aufeinander zubeschleunigen.

Jetzt funktioniert das Argument auf jeden Fall. Es ist ein perfekter Syllogismus. So weit, so gut – Hume scheint unsere Argumentation eher gerettet zu haben, als dass er sie vernichtet hätte. Was also regte ihn so auf? Na, die *zweite* Prämisse. Die erste Prämisse ist unangreifbar – eine einfache faktische Aussage. Aber wie können wir wissen, fragte Hume, dass die *zweite* Prämisse wahr ist? Wie können wir wissen, ob die Zukunft sein wird wie die Vergangenheit?

Hume erkannte, dass wir eigentlich dasselbe Argument wie für die beiden Massen verwenden. In seiner ursprünglichen, unvollständigen Form sieht das so aus:

1. Die Zukunft ist schon immer wie die Vergangenheit gewesen.

2. Deshalb wird die Zukunft immer wie die Vergangenheit sein.

Aber wie wir weiter oben bei den Massen gesehen haben, ist diese Argumentation ungültig. Ihr fehlt die zweite Prämisse. Fügen wir also wie oben die zweite Prämisse ein:

1. Die Zukunft ist schon immer wie die Vergangenheit gewesen.
2. Die Zukunft wird immer wie die Vergangenheit sein.
3. Deshalb wird die Zukunft immer wie die Vergangenheit sein.

Da ist aber was ganz Seltsames passiert mit dem Argument! Es sieht ja kaum noch aus wie ein Argument: Das Fazit wiederholt einfach die zweite Prämisse, und die erste Prämisse ist irrelevant. Da ist was gewaltig schiefgelaufen.

Was geschehen ist, ist recht leicht zu sehen. Die ganze Zeit – unser ganzes Leben lang – haben wir *aus vergangenen Erfahrungen geschlossen*, um die Zukunft vorherzusagen. Nachdem wir wiederholt gesehen haben, wie zwei frei bewegliche Massen sich aufeinander zubeschleunigen, legt uns die *Erfahrung* nahe, dass sie sich auch weiterhin aufeinander zubeschleunigen werden. Aus vergangenen Erfahrungen zu schließen, um die Zukunft vorherzusagen, funktioniert allerdings nur, *wenn die Zukunft wie die Vergangenheit ist.* Falls sich die Zukunft von der Vergangenheit unterscheidet, ist unsere vergangene Erfahrung natürlich kein guter Leitfaden.

Somit ist es sinnlos, aus vergangener Erfahrung schließen zu wollen, die Zukunft werde sein wie die Vergangenheit, denn Schlussfolgerungen aus vergangener Erfahrung funktionieren nur, wenn wir bereits *wissen*, dass die Zukunft tatsächlich wie die Vergangenheit sein wird. Aber genau das wissen wir ja nicht und wollen es herausfinden! Und so bricht dieser Syllogismus in sich zusammen.

Kein Wunder, dass sich Hume »völlig einsam und trostlos« fühlte, als »ein seltsames, ungeschlachtes Ungeheuer« und »in Schrecken und Verwirrung gesetzt«. Er hatte soeben bewiesen, dass fast unser gesamtes Denken eben *nicht* durchdacht ist.

•

Könnten wir mit irgendeiner anderen Argumentation der Frage zu Leibe rücken, ob nun die Zukunft wie die Vergangenheit sein wird? Gibt es denn gar keinen Ausweg aus Humes Folgerung? Wir suchen und suchen und suchen – und entdecken zu unserer Bestürzung, dass auch sonst nichts im Angebot steht. Wovon können wir uns denn überhaupt leiten lassen bei einer solchen Frage, wenn nicht von unserer Erfahrung? Auf die Gesetze der Physik können wir uns nicht verlassen, weil sie, wie wir gesehen haben, selbst bündige Zusammenfassungen unserer Erfahrung sind, keine extern erlassenen Gesetze. Die physikalischen Gesetze sind selbst auf ebenjene Annahme angewiesen, die wir gerne beweisen würden. *Somit können wir in keiner Weise wissen, nicht einmal auf einfachstem Niveau, ob die Zukunft weiter so sein wird, wie es die Vergangenheit war.*

Das wäre ja schon schlimm genug, aber das Ganze hat eine noch gravierendere Auswirkung. Da wir keinerlei Grund haben zu der Annahme, die Zukunft werde wie die Vergangenheit sein, haben wir auch keinerlei Grund zu der Annahme, es wäre *je* legitim, aus vergangener Erfahrung zu schließen, egal zu welchem Zweck. Vergessen Sie nicht jene zweite Prämisse: Aus vergangener Erfahrung zu schließen, *setzt immer voraus*, dass die Zukunft sein wird wie die Vergangenheit. Aus vergangener Erfahrung zu schließen, ist somit *immer* unvernünftig.

Moment, Moment, Moment. »In Ordnung«, mögen Sie sagen, »dann ist es halt nicht in Stein gemeißelt, dass die Zukunft wie die Vergangenheit sein wird. Aber es ist zumindest sehr *wahrscheinlich*. So viel liegt wohl auf der Hand. Die Zukunft ist immer wie die Vergangenheit gewesen – das war hundert Fantastilliarden Mal so, und kein einziges Mal wäre sie *nicht* wie die Vergangenheit gewesen –, also selbst wenn ich nicht *beweisen* kann, dass es auch weiterhin so sein wird, kann ich zumindest auf die riesige Wahrscheinlichkeit bauen, dass es so sein wird.«

Entschuldigen Sie bitte die Miesmacherei, aber nein. Allein der Gedanke, es sei wahrscheinlich, dass die Zukunft sein wird wie die Vergangenheit, setzt voraus, aus vergangener Erfahrung zu schließen. Wenn Sie eine Million Mal willkürlich Spielkarten aus einem Stapel ziehen und jede zehnte ist ein König, könnten Sie versucht sein, daraus zu folgern, dass zukünftig, wenn Sie bloß genügend Karten ziehen, jede zehnte ein König sein wird. *Aber selbst diese probabilistische Folgerung setzt voraus, dass die Zukunft wie die Vergangenheit sein wird.* Falls die Zukunft *nicht* wie die Vergangenheit sein sollte, haben Sie keinen Grund zur Annahme, dass auch nur dieselben Wahrscheinlichkeiten wie in der Vergangenheit gelten würden. Ob wir nun Sicherheiten oder Wahrscheinlichkeiten begründen wollen, jene zweite Prämisse brauchen wir. Und wir haben sie nicht.

Langsam wird ersichtlich, warum Hume über seine Folgerungen so bestürzt war. Nicht nur können wir nicht *sicher* sein, dass die Zukunft sein wird wie die Vergangenheit; die meisten von uns nehmen es wohl ganz gut hin, nicht wissen zu können, ob sich zwei Massen auch noch morgen Nachmittag aufeinander zubeschleunigen werden. Vielleicht, vielleicht gibt es ja einen Gott, der genau dann beschließen wird, die Physik seines Kosmos zu ändern; oder vielleicht sind die Gesetze der Physik auf eine Art und Weise zeitgebunden, die die Wissenschaftler noch nicht entdeckt haben.

Doch Humes Argumentation zerstört noch weitaus mehr als diese Gewissheit. Sie zerpflückt nicht nur unsere Gewissheit – sie zerpflückt auch, was wir für wahrscheinlich halten. Weil es nicht legitim ist, je aus vergangener Erfahrung zu schließen, können wir gar keine Ahnung haben, ob Massen auch noch morgen ihr Ding machen werden. Wir können nicht mal eine Ahnung von der Wahrscheinlichkeit haben, ob das so sein wird.

Es ist, als ob wir in ein Casino gingen und dort entweder auf Schwarz oder nicht Schwarz setzen dürften. Nur wissen wir gar nicht, worin das Spiel besteht. Wir haben keine Ahnung, wie die Chancen stehen, dass Schwarz auftaucht, die sich von 0 (unmöglich) bis 100 Prozent (Schwarz ist das einzig mögliche Ergebnis) erstrecken könnten. Roulette spielen wir nicht; eigentlich haben wir keine Ahnung, was wir da spielen. Sollen wir setzen? Und wie?

Es ist sogar noch schlimmer. Wenn wir in ein Casino gehen, wissen wir, in was für einer Einrichtung wir uns da befinden, und können davon ausgehen, dass wir mit etwas Glück gewinnen könnten. Aber jetzt sind wir nicht mal in einem Casino. Wir wissen nicht, wo wir sind. Wir wissen nicht mal, was es bedeutet, Geld auf Schwarz zu setzen.

•

Hume war sich nur zu bewusst, dass wir alle den festen inneren Glauben hegen, die Zukunft werde weiter sein wie die Vergangenheit. Und nicht nur wir hegen diesen Glauben – Tiere tun es anscheinend auch. Wenn eine Kuh einmal – höchstens zweimal – einen Elektrozaun berührt hat, hält sie sich zukünftig von ihm fern. Sie nimmt an, dass die Zukunft wie die Vergangenheit sein und der Zaun auch beim nächsten Mal wehtun wird.

Wobei der letzte Satz seltsam klingt. Weil wir eigentlich keine Ahnung haben, ob man von Kühen sagen kann, dass sie Dinge »glauben« oder »annehmen«. Also sagen wir lieber, dass die Kuh, einmal mit dem Zaun in Berührung geraten, Angst vor ihm bekommt. Die Kuh assoziiert den Zaun mit Schmerz und meidet ihn somit. Keine Annahme und kein Glaube sind vonnöten – bloß eine Assoziation.

Und vielleicht, so Hume, sind wir gar nicht so viel anders als die Kuh. Vielleicht liegt das Problem weniger darin, menschliche Begriffe auf das Denken der Kuh anzuwenden, als keine Begriffe der Kuh auf das Denken von Menschen. Sehen wir, wie sich zwei Massen aufeinander zubeschleunigen – wieder und immer wieder –, *assoziieren* wir Massen mit Beschleunigung. Wenn wir dann das nächste Mal einen Stein fallen lassen, taucht diese Assoziation auf, und wir erwarten, dass der Stein fällt. Richtig *nachgedacht* haben wir über die Sache nicht. Wir haben weder etwas *angenommen* noch brauchen wir etwas zu *glauben*. Wir *assoziieren* einfach und *erwarten*. Auch ein zweijähriges Kind erwartet von einem Stein, dass er fällt, ohne irgendeine Logik miteinzubeziehen, ohne irgendeine explizite Annahme, dass die Zukunft wie die Vergangenheit sein werde. Hume nannte diese Assoziation und die daraus resultierende Erwartungshaltung »Gewohnheit« – und glaubte, dass wir sie mit Tieren gemein hätten. Eigentlich sei die Gewohnheit für unsere Ansichten verantwortlich – nicht der Verstand. Der Verstand sei eine Projektionsfläche, eine Strohpuppe, eine Fiktion.

•

Für eine Beurteilung der Naturwissenschaften haben diese Erkenntnisse weitreichende Konsequenzen. Wer die Wissenschaft gegen Religion, Spiritualismus, Animismus und allerlei alternative Glaubensüberzeugungen verteidigt, betont immer wieder, Wissenschaft sei »rational« – das heißt auf Vernunft basierend –, und das ist ihr großer Trumpf. Wissenschaft basiert auf Vernunft, nicht auf Gefühlen, Traditionen, einem Sonderwissen, einer Offenbarung oder sonstigen privilegierten Einblicken in das Wesen der Dinge.

Das ist, um es ganz offen zu sagen, eine Lüge. Wissenschaft basiert darauf, *aus vergangener Erfahrung zu schließen*, ein Vorgehen, von dem Hume vor fast dreihundert Jahren bewies, dass es *un*vernünftig ist, irrational, nicht mehr oder weniger als Gewohnheit.

Obendrein werden durch die mangelnde Legitimation des Folgerns aus vergangener Erfahrung die Gesetze der Wissenschaft nicht bloß ungewiss – ein Zugeständnis, das jeder ehrliche Wissenschaftler machen würde. Nein. Dadurch wird die Wahrscheinlichkeit, dass die Gesetze der Wissenschaft künftig stimmen werden, verschwindend klein. Es gibt keinerlei Grund zur Annahme, dass sie als Beschreibungen eines zukünftigen Laufs der Dinge irgendeine Gültigkeit besäßen, nicht mal eine wahrscheinliche. Und nicht nur die Gesetze der Wissenschaft, sondern auch unsere einfachen Erwartungen an das alltägliche Leben: dass Steine weiterhin fallen, wenn wir sie fallen lassen, Sterne nachts leuchten, Essen Hunger stillt und so weiter und so fort.

•

Hume sagte nie, dass wir nicht auch weiterhin von der Zukunft erwarten sollten, dass sie wie die Vergangenheit sein wird. So sind wir gemacht – was sollten wir sonst tun? Und so riet er dazu, seine Entdeckung zu ignorieren – und falls wir merken sollten, dass wir davon ganz besessen sind, eine schöne Runde Brettspiele zu spielen.

Für eine derlei welterschütternde Entdeckung ist dieser Rat natürlich viel zu bescheiden. Hume hat belegt, dass zwischen rationalem und nichtrationalem Denken kein klarer Gegensatz besteht. Statt zu meinen, es gebe ein solides Fundament – die Vernunft – für eine Art des Denkens, nämlich die, die annimmt, die Zukunft werde sein wie die Vergangenheit, während es anderen Denkweisen an einem solchen Fundament mangele und sie deshalb weniger glaubwürdig seien, müssen wir anerkennen, dass Rationalität keine Grundlage für logische, wissenschaftliche, praktische Gedanken ist. Vielmehr müssen wir die Reihenfolge unserer Konzeptionen umkehren. Statt zu sagen, »die Zukunft wird sein wie die Vergangenheit« sei eine rationale Annahme, müssen wir »Rationalität« *selbst* als eine Annahme definieren, nämlich als die Annahme, dass die Zukunft sein werde wie die Vergangenheit. Genau so, wie es zutrifft, dass das Gesetz der Schwerkraft nicht mehr bedeutet, als dass wir eine Menge fallender Steine gesehen haben, und nicht etwa, dass die fallenden Steine ein bereits vorhandenes Gesetz der Schwerkraft befolgt hätten, trifft zu, dass *rationales* Denken einfach Denken bedeutet, das davon ausgeht, die Zukunft werde sein wie die Vergangenheit. Es stimmt nicht, dass die Annahme, die Zukunft werde sein wie die Vergangenheit, einem bereits vorhandenen Gesetz der Vernunft folgen würde.

•

Und tatsächlich haben wir alle zur Genüge Welten erfahren, in denen die Gesetze der Wissenschaft (und die praktischen Gesetze des Alltags) nicht funktionieren, Welten, in denen *die Zukunft nicht wie die Vergangenheit ist.* Viele dieser Erfahrungen geschehen nachts, in Träumen, wobei einige auch während Wachhalluzinationen und anderer Erfahrungen eines erweiterten Bewusstseins auftreten. In Träumen ist die Zukunft gar nicht wie die Vergangenheit: Unversehens können wir fliegen, Menschen werden zu anderen Menschen, die Zeit verlangsamt sich, wir rennen so schnell wir können, bewegen uns aber nicht vom Fleck und und und. Konventionell beurteilt, gelten Träume als seltsam, bizarr, mitunter furchterregend, letztendlich aber kaum als bedeutsam. Freud wollte ihnen etwas mehr abgewinnen, doch heute steht seine Traumdeutung im Ruf geistreicher Pseudowissenschaft.

Einst war das anders, und in manchen Weltteilen ist es das noch immer. Schamanen wurden aufgrund ihrer Trancen hoch geachtet; einfache Leute begaben sich auf Visionssuchen, erweiterte Bewusstseinszustände galten weniger als Wahnvorstellungen denn als Offenbarungen. Den Gesetzmäßigkeiten der physischen Welt, von der Wissenschaft so verehrt, wurde häufig weniger Bedeutung beigemessen als den *Ungesetzmäßigkeiten* von Träumen, Visionen und anderen unkalkulierbaren Phänomenen.

Und tatsächlich bilden selbst im wachenden Alltagsleben Gesetzmäßigkeiten die Ausnahme. Nur selten ist die Zukunft wie die Vergangenheit. Geschichte wiederholt sich nie. Fortwährend überraschen uns unvorhersehbare Erfahrungen. Auf jedes geregelte Ereignis kommen zehntausend ungeregelte. Zu den Gesetzen der Wissenschaft gehört immer, die Unordnung der Welt aufzuräumen und sich auf ideale Fälle zu konzentrieren, die selten auftreten, wenn überhaupt.

Humes Entdeckung bedeutet, dass wir mit unserem Fokus auf wissenschaftlich bestimmte Gesetzmäßigkeiten eine Entscheidung getroffen haben und diese Entscheidung keineswegs *vernünftiger* und somit keineswegs *gültiger* ist als die Entscheidung, sich auf Ungesetzmäßiges zu konzentrieren. Gesetzmäßigkeiten entstehen, wenn wir durch eine bestimmte Brille (eben jene, durch welche die Zukunft wie die Vergangenheit ist) Erfahrungen betrachten, in denen die Zukunft im Grunde gar nie wirklich ist wie die Vergangenheit. Lasse ich Stein A fallen, dann Stein B und blicke durch die rationale Brille, kann ich sagen, dieselbe Sache sei geschehen – beide Steine sind heruntergefallen. Die Zukunft war wie die Vergangenheit. Ich erreiche Gesetzmäßigkeit und kann daraus sogar eine Regel oder ein Gesetz herleiten. Praktisch betrachtet bringt das riesige Vorteile mit sich, wie unsere Wissenschaft und Technik, die ja mit dieser Brille arbeiten, klar zeigen.

Doch als eine Beschreibung von Erfahrung verzerrt diese Brille eher, als dass sie Klarheit schaffen würde. Es ist eben *nicht* dieselbe Sache geschehen: Die Steine waren andere, die Zeit war eine andere, meine Stimmung war eine andere, das Wetter war anders – eigentlich war alles anders. Durch eine zweite Brille betrachtet, eine, durch welche die Zukunft *nie* wie die Vergangenheit ist, erfahren wir immer nur eine Reihe einzigartiger, sich nicht wiederholender Ereignisse.

Humes Verdienst war es, aufzuzeigen, dass die rationale Brille nicht etwa rational ist, weil sie vernunftbasiert wäre; sie ist rational, weil wir einfach willkürlich entschieden haben, es als »rational« zu definieren, uns *dem Glauben zu fügen, die Zukunft werde sein wie die Vergangenheit.* Rationalität kann sich auf kein logisches Vorrecht berufen; sie beruht auf keiner solideren Grundlage als andere Brillen; es gibt keinen Grund zur Annahme, der Blick durch die rationale Brille sei grundlegender oder realer als der Blick durch irgendeine andere. Rationalität mag für allerlei Zwecke eine wunderbare Brille sein, doch spätestens seit Hume sollte sie mit einer guten Portion Demut benutzt werden und mit einem klaren Vermerk, dass es sich um eine Brille unter vielen handelt, ohne irgendein besonderes Vorrecht.

Sollte Hume recht haben und Rationalität ist gar nicht das Fundament des wissenschaftlichen Gebäudes, sondern lediglich ein in diesem Gebäude entstandenes Konzept, dann ist eine Präferenz für rationales Denken – für eine Brille, die sich mehr auf Gesetzmäßigkeiten als auf Ungesetzmäßigkeiten konzentriert – eben bloß das: eine Präferenz. Eine alternative Präferenz wäre der Animismus mit seiner Offenheit gegenüber ungesetzmäßigem und unsystematischem Kontakt zwischen Menschen und anderen vermeintlichen Erfahrenden der physischen Welt. Werden diese beiden Präferenzen mittels »Rationalität« bewertet, gilt das zu Beweisende bereits als bewiesen, weil der rationalen Präferenz von vornherein eine größere Berechtigung als der animistischen Alternative zugeschrieben wird.

Im Kapitel »Zombies, Gürteltiere und Quadratwurzeln« wenden wir uns nun der anderen Hälfte des kartesianischen Dualismus zu: nicht der leblosen physischen Welt, sondern dem Bewusstsein, von dem es heißt, es nehme diese wahr.

KAPITEL 3

Zombies, Gürteltiere und Quadratwurzeln

Worin wir über Bewusstsein und unheimliche Kreaturen philosophieren und Sätze vielleicht zu Nilpferden werden.

Nicht nur Horrorfilm-Nerds im Teeniealter sind von Zombies besessen. Anscheinend steht auch eine ältere, mutmaßlich gebildetere und kultiviertere Bevölkerungsgruppe auf Zombies. Betrachten wir die folgenden Titel:

»Zombiekiller«
»Wie ist es, ein Zombie zu sein?«
»Die ungeahnte Groteskheit von Zombies«
»Warum und wie wir keine Zombies sind«
»Die Zombie-Ahnung: Auslöschung einer Intuition?«
»Am Camembert schnuppern: Über die Denkbarkeit von Zombies«
»Zombies und Epiphänomenalismus«

Beim Camembert mag man es schon ahnen, spätestens beim Epiphänomenalismus: Es handelt sich hier nicht um Links auf einer Fantasy-Website. Es handelt sich um Titel von Artikeln in wissenschaftlichen Fachzeitschriften, verfasst von angesehenen Professoren. Zombies – Wesen ohne jedes Bewusstsein, die aber so handeln, als besäßen sie eines – dienen diesen Philosophen zum Angriff auf das, was in der Fachschaft als das »Schwierige Problem des Bewusstseins« gilt.

Das Macmillan-Psychologielexikon von 1989 definiert »Bewusstsein« wie folgt:

> Das Haben von Wahrnehmungen, Gedanken und Gefühlen; Gewahrsein. [...] Bewusstsein ist ein faszinierendes, doch schwer zu fassendes Phänomen: Es ist unmöglich festzulegen, was es ist, was es tut oder warum es sich entwickelt hat. Nichts Lesenswertes ist darüber geschrieben worden.[36]

Dieses harte Urteil fiel natürlich vor all den Fachartikeln über Zombies, die seit den 1990er-Jahren geschrieben werden. Bestimmt würden selbst dem Psychologielexikon »Zombiekiller« und »Wie ist es, ein Zombie zu sein?« als aufregende Lektüre gelten. So könnte man zumindest meinen, bis man die Position von Daniel Dennett hört, einem bekannten zeitgenössischen Philosophen, der sich beklagt, die Menge von Zombie-Artikeln treibe ihm »die Schamesröte für den Berufsstand ins Gesicht«[37]. Weiter sei es

> eine Blamage für unsere Disziplin, dass etwas, was unter Philosophen weithin als eine der größten theoretischen Kontroversen gilt, darauf reduziert werden sollte, ob Zombies (philosophische Zombies) möglich/denkbar seien oder nicht. Ich bedaure zutiefst das schlechte Image, das der Philosophie dadurch zuteilwird. [...] Beim besten Willen verstehe ich nicht, warum ein Glaube an Zombies nicht einfach bloß albern sein sollte.

Auf Nichtphilosophen dürfte es derweil einfach bloß albern wirken, warum Bewusstsein überhaupt ein »Problem« sein sollte – ob nun ein schwieriges oder einfaches –, selbst ohne Zombie-Blamage. Die meisten von uns mögen Bewusstsein doch irgendwie – und fürchten sein Erlöschen eigentlich mehr als alles andere. Ein *mangelndes* Bewusstsein erscheint dem Durchschnittsmenschen doch um einiges problematischer als ein Bewusstsein. Und was Zombies so furchterregend macht, ist eben ihr mangelndes Bewusstsein. Die lebenden Toten sind – na ja, tot.

•

Das »Schwierige Problem des Bewusstseins« ist so schwierig, weil Bewusstsein – »das Haben von Wahrnehmungen, Gedanken und Gefühlen; Gewahrsein« – uns so ganz anders erscheint als der »Stoff« der physischen Welt: die Steine, Stühle und Tische, deren wir uns bewusst zu sein scheinen. Wir glauben, dass es *wie* etwas ist, ein Bewusstsein zu haben, wohingegen es nicht *wie* irgendetwas ist, ein Stein zu sein. Diese »Wie ist es, …?«-Unterscheidung arbeitete am deutlichsten ein Philosoph namens Thomas Nagel in einem Artikel von 1974 heraus – »Wie ist es, eine Fledermaus zu sein?«[38] –, und seitdem werden wir sie nicht mehr los.

Der Unterschied zwischen dem Geistigen und dem Physischen (es ist *wie* etwas, eine Fledermaus zu sein, aber nicht *wie* irgendetwas, ein Stein zu sein) wurde allerdings schon lange vor der Frage mit der Fledermaus bemerkt. Am eindringlichsten ging ihr der französische Philosoph René Descartes nach, der, wenngleich er es schaffte, Zweifel ob der Existenz all des Stoffes in der Welt zu hegen, die Tatsache seiner eigenen Existenz einfach nicht fassen konnte – und somit 1637 bekanntlich sagte: »Ich denke, also bin ich.«[J]

Das Schwierige Problem tritt dann auf, wenn wir uns fragen, wie sich das Geistige – was wir als Bewusstsein bezeichnen – auf das Physische auswirken kann, wo sich das Geistige und das Physische doch so ungeheuer voneinander unterscheiden. Ich *fühle* mich hungrig; ich *sehe* einen Apfel; ich *entscheide*, dass ich ihn essen möchte; und dann *greift* meine Hand nach dem Apfel. Während das *Fühlen*, das *Sehen* und die *Entscheidung* geistig wirken, ist das *Greifen* eindeutig physisch. Wie konnte etwas so Nichtphysisches wie eine Entscheidung zu etwas so Physischem wie einer Handbewegung werden?

Descartes hatte gleich eine Antwort parat: die Zirbeldrüse. Die Zirbeldrüse ist eine tannenzapfenförmige Drüse nahe der Mitte des Gehirns. Descartes' Intuition zufolge (Beweise hatte er absolut keine) verwandelt sich die rein *geistige* Entscheidung, nach dem Apfel zu greifen, eben dort in der Drüse zu einer rein *physischen* Bewegung der rechten Hand: Das, glaubte er, sei die Funktion der Zirbeldrüse. Leider sagen uns Anatominnen heute, dass die Zirbeldrüse nichts dergleichen tut; sie produziert ein Hormon namens Melatonin, das in Tablettenform in der Apotheke erhältlich ist und beim Einschlafen helfen soll. Insofern hat die Drüse schon etwas mit Bewusstsein zu tun, aber sicher nicht in Descartes' Sinn.

Nicht nur Anatominnen stellen heute die Zirbeldrüsentheorie infrage. Auch Physiker tragen ihren Teil bei. Physiker glauben, jedes *physische* Ereignis habe einen rein *physischen*

J Descartes saß in einer Kneipe, und der Wirt fragte: »Möchten Sie ein Bier?« Descartes überlegte, antwortete: »Ich denke nicht« – und löste sich in Luft auf.

Grund. Zauberer, die mit psychischen Kräften Löffel verbiegen, wenden Physikern zufolge irgendeinen Trick an, der es nur so *aussehen* lässt, als würden sie mit ihrem Geist Löffel verbiegen.[K] Für Physiker ist die physische Welt *im Hinblick auf Kausalität geschlossen*.

Wo also kommt meine rein geistige Entscheidung ins Spiel, nach dem Apfel zu greifen? Wenn die physische Welt im Hinblick auf Kausalität geschlossen ist, wie kann sich dann meine Entscheidung – ein *nicht*physisches Ereignis, wie es im Buche steht – physisch auswirken? Ist das nicht wie Löffelbiegen? Nun, man könnte sagen, meine Entscheidung sei gar kein nichtphysisches Ereignis. Entscheidungen, Gedanken, Gefühle, Wahrnehmungen – so behauptet diese Lösung – bestünden genau so wie Steine aus Materie. Menschen, die das glauben, heißen Physikalisten; sie behaupten, Bewusstsein sei einfach Stoff, der sich auf eine bestimmte (recht komplizierte) Art und Weise zusammengefügt habe. Unsere Gehirne seien zwar viel komplizierter als Steine, im Grunde aber doch komplizierte Steine. Das Geistige sei vom Physischen nicht getrennt – es sei selbst physisch. Entscheidungen, Begierden, Wahrnehmungen wären demnach keine geistig-seelischen Irrlichter, sondern allesamt biochemische Prozesse des Gehirns.

Die Physikalisten verfügen über eine großartige Lösung zu einem ungeheuer schwierigen Problem, da wir, sollten sie recht haben, nicht mehr etwas wie die Zirbeldrüse finden müssten, um das Geistige ins Physische zu übersetzen. Einen Apfel essen wollen, Lust auf Sex haben, sich erinnern, wie es war, Kind zu sein, die Allgemeine Relativitätstheo-

K Für mehr Informationen zum Löffelbiegen vgl. James Randi, *The Truth About Uri Geller*.

rie entwickeln – all das wären physische Ereignisse, die, wie zu erwarten, physische Auswirkungen haben: nach einem Apfel zu greifen, Sex zu haben, zu weinen oder eine Reihe recht komplexer Gleichungen aufzuschreiben. So bestünde keine Notwendigkeit mehr, zwischen der nichtphysischen Entscheidung, Begierde, Erinnerung oder Überlegung und ihrer physischen Auswirkung irgendeinen magischen Pfad einzuknüpfen.

Die Vorstellung, wir seien irgendwie bloß höherentwickelte Steine, ist für viele Nichtphysikalisten zutiefst beleidigend. Und hier treten dann Zombies auf den Plan. Die Nichtphysikalisten finden, höherentwickelte Steine zu sein, sei unter ihrer Würde – eine Beleidigung – und lasse sie im Grunde selbst ziemlich stark nach Zombies aussehen. Also bringen sie ein eigenes Argument vor. Sie sagen, wir seien nicht bloß sehr hochentwickelte Steine und sie könnten es beweisen. Wären wir sehr hochentwickelte Steine, sagen sie, bestünde keine Notwendigkeit, dass wir uns dessen, was wir tun, was wir fühlen, sehen oder entscheiden, bewusst wären. Es brauchte nichts zu geben, *wie* es ist, wir zu *sein*. Wir könnten all das tun, was wir tun – Äpfel kaufen, Sex haben, weinen, die Allgemeine Relativitätstheorie entwickeln –, genau so, wie wir es heute tun, aber *ohne uns dessen auch nur irgendwie bewusst zu sein*. Die Welt könnte genau so weitergehen – der Klimawandel würde unsere Zukunft bedrohen, US-Republikaner würden weiter den Trickle-Down-Effekt und Steuersenkungen verteidigen und so weiter und so fort –, bloß wäre sich niemand irgendeiner Sache bewusst.

Anders gesagt: Wenn in Wirklichkeit alles physisch ist – wenn, wie die Physikalisten behaupten, es für Entscheidungen, Begierden, Erinnerungen, Theorien lediglich komplizierten

Stoff braucht –, warum hätte die Evolution dann *Bewusstsein* beimischen sollen? Es bestünde keine Notwendigkeit.

Und so ziehen Zombies in die Philosophie ein. Wenn Zombies möglich sind – Wesen wie wir, die tun, was wir tun, aber ohne irgendein Bewusstsein für ihr Handeln, Denken, Wahrnehmen, Fühlen –, dann müssen Physikalisten falsch liegen, weil sie nicht erklären können, warum Bewusstsein wie eine Art optionales Sahnehäubchen dem bereits perfekt funktionierenden Eisbecher des Zombiegehirns hinzugefügt wurde.[L]

Um die eigene Position zu verteidigen, müssen jetzt also wiederum die Physikalisten beweisen, dass Zombies unmöglich sind.

Und so kommt es, dass hochbezahlte Professoren altehrwürdiger Universitäten Artikel um Artikel über die Denkbarkeit und Möglichkeit von Zombies schreiben (und ob die Denkbarkeit von Zombies die Möglichkeit von Zombies impliziert und so weiter und so fort).

•

Man könnte meinen, all diese hochintelligenten Philosophen sollten sich einig werden können angesichts einer so überschaubaren Frage wie der, ob Zombies nun möglich sind oder nicht. Fakt ist, sie schaffen es nicht. Und während beide Seiten sich bemühen, die jeweils andere zu überzeugen, erfinden die Professoren sogar noch weitere Geschöpfe. Zwar

L Natürlich würde auch das nicht beweisen, dass Bewusstsein kein rein physisches Phänomen ist – das Sahnehäubchen könnte sich rein zufällig auf dem Eisbecher niedergelassen haben. Diese Wahrscheinlichkeit erscheint jedoch eher gering.

bedauert Daniel Dennett Zombies in der Philosophie zutiefst, hat aber selbst ausgiebig über sie geschrieben. Obwohl er der Ansicht ist, die Vorstellung von Zombies sei an sich schon unstimmig, muss er »Zimboes« hinzuziehen, um das zu beweisen:

> Zombies, die verhaltensmäßig nicht von uns zu unterscheiden sind, sind Zimboes. […] Zimboes denksen, sie besäßen ein Bewusstsein, denksen, sie besäßen Qualia, denksen, sie spürten Schmerz – sie haben einfach »Unrecht« (laut dieser bedauerlichen Tradition), auf eine Art und Weise, die weder sie noch wir je erfassen könnten![39]

Neben einem offenkundigen Rechtschreibproblem scheinen sich Zimboes für Sex zu interessieren:

> Auch Zimboes fragsen sich, warum für sie Sex so sexy ist (aber nicht für einfachere Zombies wie etwa Insekten) und warum ihre Schmerzen »wehtun« müssen. […] Zimboes sind von sexuellen Fantasien genauso vereinnahmt wie wir.[40]

Dennett will darauf hinaus, dass Zimboes, um genau so wie wir zu sein, nur ohne Bewusstsein, manchmal beispielsweise von sexuellen Fantasien vereinnahmt sein müssten. Da die Vorstellung überaus schwierig ist, wie man von sexuellen Fantasien vereinnahmt sein könnte, ohne sich dessen bewusst zu sein, behauptet Dennett, Zimboes seien unmöglich.

Andere Philosophen haben sogar noch mehr Halloween-Kreaturen ins Spiel gebracht: 2010 erklärte Philip Goff in der Fachzeitschrift *Philosophy and Phenomenological Research*, »Warum Physikalisten von Geistern mehr als von Zombies zu fürchten haben«[41] (Geister besäßen zwar ein Bewusstsein, bestünden aber nicht aus Materie), während Julia Tanney 2004 »Sumpfmonster«[42] zur Diskussion stellte, die in Gewittern plötzlich zu Leben erwachen und sich, obwohl sie keine Vergangenheit haben, verhalten, als ob sie eine hätten.

Diesen Eintopf von Zombies, Zimboes, Geistern und Sumpfmonstern vermeiden wiederum andere Philosophen gleich gänzlich, indem sie angesichts der Schwierigkeit (und vielleicht auch der Seltsamkeit) des Problems einfach aufgeben. Einer von ihnen ist Colin McGinn, in der Stanford-Enzyklopädie der Philosophie wie folgt beschrieben:

> Colin McGinn (1995) argumentiert, dass wir Menschen aufgrund der inhärent räumlichen Wesensart sowohl unserer menschlichen Wahrnehmungskonzepte als auch unserer daraus abgeleiteten wissenschaftlichen Konzepte schon rein konzeptionell nicht darauf ausgelegt sind, die Wesensart der psychophysischen Verbindung zu verstehen [gemeint ist die Verbindung zwischen dem Geistigen und dem Physischen – Descartes' Zirbeldrüse]. Fakten zu dieser Verbindung bleiben uns kognitiv so verschlossen, wie es Fakten zu Multiplikation oder Quadratwurzeln für Gürteltiere sind. Sie gehören nicht zu unserem konzeptionellen oder kognitiven Repertoire.[43]

Anders gesagt stehen unsere Chancen nicht besser, die tatsächliche Zirbeldrüse zu finden – oder als Physikalisten zu beweisen, dass es einer solchen nicht bedarf –, als dass ein

Gürteltier mit Quadratwurzeln rechnen könnte. Das Problem ist einfach zu schwierig für unsere Gehirne.

Was uns, wenn auch über einen kleinen Umweg, zu Gürteltieren bringt.

•

Vor langer Zeit, 1637, behauptete René Descartes in seiner *Abhandlung über die Methode*, Gürteltiere seien, na ja, Zombies. Er beschränkte sich mit seiner Hypothese nicht auf Gürteltiere; er fand, sie gelte für *alle* nichtmenschlichen Tiere:

> Ich weiß wohl, daß die Tiere viele Dinge besser als wir machen, ich wundere mich aber nicht darüber; denn es dient sogar zum Beweis, daß sie natürlich und aus Triebkräften handeln, wie etwa eine Uhr, die die jeweilige Zeit sehr viel besser anzeigt, als unser Urteil es uns lehrt. Und ohne Zweifel handeln die Schwalben, wenn sie im Frühling kommen, darin wie Uhren.[44] [Es scheint] nur vernünftig anzunehmen, daß auch die Natur ihre Automaten hervorbringt, allerdings weit raffinierter als die künstlichen in Gestalt der Tiere. [...] Diese natürlichen Automaten sind die Tiere.[45]

Obwohl Descartes Tieren nicht durchweg einen Zombiestatus zuschreibt, etwa wenn er sagt, »eine Empfindung bestreite ich den Tieren auch nicht, soweit diese von einem körperlichen Organ abhängt«, scheint er zu glauben, diese »Empfindung« im »körperlichen Organ« sei ein rein mechanisches Phänomen. Die Empfindung ist Teil des Automaten.

Das Fazit der Descartschen Beweisführung gibt uns unterdes einen Wink, was ihn eigentlich motiviert haben könnte: »Somit ist diese meine Überzeugung nicht so sehr grausam gegenüber den Tieren als vielmehr etwas, womit ich den Menschen [...] einen Gefallen tue, indem ich sie von dem Verdacht entlaste, mit dem Verzehr oder dem Töten von Tieren ein Verbrechen zu begehen.« Fast könnte man meinen, Descartes habe gerne mal Fleisch gegessen.

Laut Descartes sind Tiere *tatsächlich*, was Zombies den antiphysikalistischen Professoren *theoretisch* bedeuten: weiche Maschinen, ohne bewusste Gedanken. Dass diese Vorstellung problematisch ist für alle, die je einen Hund oder eine Katze hatten, oder für jedes indigene Volk, das inmitten von und mit Bezug zu wilden Tieren lebt, hat nicht verhindert, dass Descartes' Darstellung laut vielen Veganern unzumutbaren Schaden in unfassbarem Ausmaß angerichtet hat. Im vorigen Jahr wurden über 70 Milliarden Landtiere für die Schlachtung großgezogen, mehrheitlich unter furchtbaren Bedingungen, und für Veganer ist es schwierig zu verstehen, wie eine ethische Person mit dieser Tatsache leben kann (und in den Supermarkt geht, um ein Steak zu kaufen), ohne entweder Descartes zu glauben oder denkbarerweise so zu tun, als wäre sie ein Kind, noch unwissend, dass das Essen auf seinem Teller das tote Gewebe eines einst lebendigen, fühlenden, leidenden Geschöpfes ist.

Ab dem 7. Juli 2012 wurde es plötzlich sehr viel schwieriger, Descartes zu glauben. Wie so oft platzte die Wissenschaft herein, um zu lösen, was ehemals als philosophisches Problem gegolten hatte. An jenem Tag traf sich eine »internationale Gruppe bekannter kognitiver Neurowissenschaftler, Neuropharmakologen, Neurophysiologen, Neuroanatomisten und

Neuroinformatiker« an der Universität von Cambridge und verkündete – noch in der Gegenwart des großen Physikers Stephen Hawking – die *Cambridge Declaration on Consciousness*.[46] Das Fazit der Erklärung liest sich wie folgt:

> Übereinstimmende Beweise deuten darauf hin, dass nichtmenschliche Tiere über die neuroanatomischen, neurochemischen und neurophysiologischen Substrate des Bewusstseins sowie die Fähigkeit zu intentionalem Verhalten verfügen. [...] Nichtmenschliche Tiere, darunter Säugetiere, Vögel und viele weitere Lebewesen, wie beispielsweise Oktopusse, verfügen ebenso über neuronale Substrate.

Über Vögel heißt es:

> Vögel scheinen in ihrem Verhalten, ihrer Neurophysiologie und ihrer Neuroanatomie eine verblüffend ähnliche Evolution des Bewusstseins zu zeigen. Gerade bei den Graupapageien lassen sich nahezu menschengleiche Ebenen des Bewusstseins feststellen. [...] Bestimmte Vogelarten zeigen neuronale Schlafmuster ähnlich denen von Säugetieren, beispielsweise die REM-Phase, und, wie bei Zebrafinken nachgewiesen wurde, ähnliche neurophysiologische Muster, die man bisher nur [...] im Neocortex von Säugetieren vermutet hatte. Besonders Elstern zeigen in Studien über die Selbsterkennung im Spiegel verblüffende Ähnlichkeiten zu Menschen, Menschenaffen, Delfinen und Elefanten.

Selbst Insekten finden in der Erklärung Erwähnung:

> Darüber hinaus scheinen im Laufe der Evolution die neuronalen Schaltkreise für die verhaltensrelevanten/elektrophysiologischen Zustände von Aufmerksamkeit, Schlaf und Entscheidungsfindung bereits im Wirbellosenstadium aufgetreten zu sein; sie lassen sich bei Insekten und kopffüßigen Weichtieren, wie zum Beispiel dem Oktopus, finden.

Entscheidungsfindende Insekten: Zum Zeitpunkt, da ich das hier schreibe, sind Gürteltiere laut wissenschaftlichem Konsens wohl doch keine Zombies.

•

Die Erklärung von Cambridge trifft zwei aufschlussreiche Annahmen. Die erste ist verborgen, aber stillschweigend impliziert: dass jene Tiere, die Menschen in ihrem emotionalen und kognitiven Leben (oder was wir dafür halten) am ähnlichsten sind, am ehesten Respekt und behutsamen Umgang verdienen. Der Graupapagei schlägt den simplen Kraken.[M] Die zweite Annahme ist, dass die Methoden der Wissenschaft uns angemessen vermitteln können, was wir über Tierbewusstsein wissen müssen – oder in Thomas Nagels Worten, *wie es ist, eine Fledermaus zu sein.*

M Wie ist es, ein Krake zu sein? In seinem Buch *Verändere dein Bewusstsein* schreibt Michael Pollan: »Dann gibt es noch die Welt, wie ein Krake sie sieht! Man stelle sich vor, wie unterschiedlich sich die Realität einem Gehirn darbietet, das so radikal dezentralisiert und dessen Intelligenz auf acht Arme verteilt ist, sodass jeder von ihnen schmecken, fühlen, ja sogar seine eigenen ›Entscheidungen‹ treffen kann, ohne das Hauptquartier zu konsultieren.«[47]

Wie ist es, eine Fledermaus zu sein, wirkt wie ein recht klares Konzept. Obwohl uns die Vorstellung, wie es wirklich ist, eine Fledermaus zu sein, ungeheuer schwerfallen mag, wissen wir anscheinend zumindest, wovon wir sprechen, wenn wir diese Schwierigkeit diskutieren. Leider könnte nicht einmal das zutreffen. Der Kognitionswissenschaftler Douglas Hofstadter hat eine ziemlich vernichtende Variation dieses Themas erdacht, in der er (aus allein ihm bekannten Gründen[N]) die ehemalige indische Premierministerin Indira Gandhi als Double für die Fledermaus einsetzt:

> Betrachten wir zum Beispiel den Unterschied zwischen den Fragen »*Wie wäre es*, Indira Gandhi zu sein?« und »*Wie ist es*, Indira Gandhi zu sein?«. Der [erste] Konditionalsatz zwingt einen, sich gewissermaßen in die »Haut« eines anderen Menschen hineinzuversetzen, wohingegen der [zweite] Indikativsatz zu fragen scheint, wie es für Indira Gandhi ist, Indira Gandhi zu sein. Die Frage könnte dann immer noch sein: »Aus wessen Sicht geschildert?« Sollte Indira Gandhi mir erzählen, wie es ist, wenn man Indira Gandhi ist, könnte sie versuchen, mir die Besonderheiten des politischen Lebens in Indien in der Weise zu erläutern, daß sie Bezug auf Dinge nähme, von denen sie dächte, es fänden sich in meiner eigenen Erfahrung vage Analogien dazu. Würde ich dann protestieren und sagen: »Nein, übersetzen Sie's nicht in *meine* Vorstellungen! Drücken Sie's in Ihren eigenen Vorstellungen aus! Erzählen Sie mir,

N Wie ist es, Douglas Hofstadter zu sein?

wie es – aus der Sicht Indira Gandhis – für Indira Gandhi ist, Indira Gandhi zu sein!« …?

An dieser ganzen Vorstellung ist irgend etwas faul. Wie kann etwas *sein*, was es *nicht* ist? Und wie kann die Sache dann an Plausibilität gewinnen, wenn die beiden beteiligten Dinge »Erfahrungen machen« können? Es hat für uns nahezu keinen Sinn, uns Fragen zu stellen wie »Wie wäre es für die schwarze Spinne da drüben, wenn sie jene in ihrem Netz gefangene Mücke wäre?«. Oder schlimmer noch »Wie wäre es für meine Geige, wenn sie meine Gitarre wäre?« oder »Wie wäre dieser Satz, wenn er ein Nilpferd wäre?«. Wie wäre das *für wen*? Für die jeweils betreffenden Dinge, mit Empfindung begabt oder nicht? Für uns Wahrnehmende? Oder wiederum »objektiv«?

Das ist der zentrale Punkt in Nagels Aufsatz. […] Er will nicht wissen, wie es *für ihn* ist, eine Fledermaus zu sein. Er will *objektiv* wissen, wie es *subjektiv* ist. Ihm würde es nicht reichen, sich einen »Scheinbarkeitshelm« aufzusetzen – einen Helm mit Elektroden, die sein Gehirn zu fledermausartigen Erfahrungen stimulieren würden – und auf diese Weise die »Seinbarkeit der Fledermaus« in Erfahrung zu bringen. Damit wüßte er schließlich ja immer nur erst, wie es für *Nagel* ist, eine Fledermaus zu sein. Was aber würde ihn denn zufriedenstellen? Er ist sich nicht sicher, ob es dergleichen überhaupt gibt, und das bekümmert ihn. Er fürchtet, die Vorstel-

> lung des »Erfahrungen-Machens« könnte sich dem Bereich des Objektiven überhaupt entziehen.[48]

Anders gesagt kann ich zwar versuchen, mir vorzustellen, wie es für *mich* wäre, eine Fledermaus-Erfahrung zu haben, aber wohl kaum, wie es für eine Fledermaus ist. Ich kann mir nicht vorstellen, wie es für eine Fledermaus ist, weil ich, um das zu tun, aufhören müsste, »Ich« zu sein – in welchem Falle »Ich« sich gar nichts mehr vorstellen würde. Von hier aus kann ich einfach nicht dorthin gelangen. Und ich kann auch nicht mit noch so viel Studium der Neurophysiologie dorthin gelangen, egal wie viele Gehirne ich untersuche, ob Fledermaus oder Mensch, wie viel ich seziere oder wie viele MRTs ich mache oder was sonst auch immer. Die Erklärung von Cambridge nimmt an, dass wir mithilfe von Wissenschaft dem Erfahren von Tieren nahe genug kommen, um Behauptungen darüber aufzustellen. Doch eben weil diese Annahme eine *menschliche* ist, auf Grundlage *menschlicher* Logik und *menschlicher* Denkprozesse, drängt sie uns bloß weiter fort.

•

Es gibt Alternativen. Der dänische Anthropologe Rane Willerslev schreibt in seinem Buch über das Leben bei den jukagirischen Jägern Sibiriens von einem Jäger namens Nikolai Lichatschew, der ihm erzählt, wie es ist, ein Rentier zu sein:

> Es war im Krieg. Wir jagten damals hauptsächlich Rentiere, weil es kaum Elche gab. Schon lange, ich denke, etwa sechs Stunden, folgte ich einer Herde

Rentiere, hundert Stück oder mehr. Ich war am Popowa-Fluss. Am Abend machte ich ein Feuer und trank Tee, konnte aber nicht schlafen. Ich hatte nichts zu essen, ich hatte Hunger, und mir war kalt.

In der Morgendämmerung schnallte ich meine Skier an und folgte weiter der Herde. Als ich nach ihren Spuren Ausschau hielt, hatte ich das seltsame Gefühl, beobachtet zu werden. Ich blickte auf, und etwa zwanzig Meter vor mir sah ich einen alten Mann. Er war altmodisch gekleidet. Er lächelte mich an. Ich fragte ihn, wer er sei, doch er antwortete nicht. Er gab mir bloß mit einer Handbewegung zu verstehen, dass ich ihm folgen sollte. Ich dachte, vielleicht besäße er eine Hütte in der Nähe und etwas Essen, und so folgte ich ihm.

Ich hatte großen Hunger. Die ganze Zeit über schwieg der Mann, und ich bemerkte, dass seine Fußabdrücke die eines Rentiers waren. »Seltsam«, dachte ich, denn er lief auf fellbezogenen Skiern. Aber dann dachte ich, ich müsse wohl halluzinieren, weil ich so müde und hungrig war. Wir gingen einen Hügel hinauf, dahinter lag ein riesiges Lager, mit dreißig Zelten oder noch mehr. Wir betraten das Lager. Dort waren Menschen aller Altersstufen, Kinder spielten, alte Männer saßen herum und rauchten, Frauen kochten. Der alte Mann nahm mich mit in sein Zelt. Er sprach mit seiner Frau, indem er wie ein Rentier grunzte, und sie grunzte zurück. Ich verstand nichts. »Wer sind diese Leute?«, dachte ich. Die Frau gab mir zu essen, und ich sah, dass es kein Fleisch war, sondern Flechten. Ich aß sie, weil ich so großen Hunger hatte, und sie schmeckten gar nicht so schlecht.

Die Zeit verging, wir saßen dort im Zelt, und allmählich vergaß ich Dinge. Ich dachte an meine Frau, die zu Hause auf mich wartete, merkte aber, dass ich ihren Namen vergessen hatte. Wir gingen schlafen. Ich träumte, dass ich von Rentieren umgeben war. Jemand sagte zu mir: »Du gehörst hier nicht hin. Geh fort.« Ich weiß nicht, wer gesprochen hatte. Ich wachte auf und dachte, dass ich fortmusste. Ich schlich aus dem Zelt und machte mich auf den Weg nach Hause.

Als ich mein Dorf erreichte, waren die Leute überrascht, mich zu sehen. Sie sagten, sie hätten mich für tot gehalten. »Aber warum denn?«, fragte ich. »Ich war doch nur eine Woche weg.« »Nein«, sagten sie. »Wir haben dich seit über einem Monat nicht mehr gesehen.« […] Anscheinend waren die Menschen, die ich getroffen hatte, Rentiere, und ich hätte sie töten sollen, aber das wusste ich zu der Zeit nicht. Vielleicht war alles ein Traum. Aber warum wäre ich dann so lange Zeit fortgewesen?[49]

Lichatschews Geschichte spiegelt tiefe Überzeugungen der Jukagiren wider,

nach denen die Welt von unterschiedlichen Personen bewohnt wird, menschlichen und nichtmenschli-

> chen, die die Realität aus unterschiedlichen Blickwinkeln wahrnehmen. [...] Menschen sehen Menschen als Menschen, Tiere als Tiere und Geister (wenn sie sie sehen) als Geister; Tiere (Raubtiere) und Geister aber sehen Menschen ebenso als Tiere (Beutetiere), wie Tiere (als Beutetiere) Menschen als Geister oder Tiere (Raubtiere) sehen. Ebenso sehen Tiere und Geister sich selbst als Menschen: Sie nehmen sich selbst als anthropomorphisierte Wesen wahr (oder werden zu solchen), wenn sie sich in ihren eigenen Häusern und Dörfern aufhalten, und erfahren ihre eigenen Gewohnheiten und Besonderheiten in Form von Kultur.[50]

Wie es ist, ein Rentier zu sein, ändert sich den Jukagiren zufolge je nachdem, ob man Jukagire ist – dann ist es so, wie ein Tier zu sein – oder ob man ein Rentier ist – dann ist es so, wie ein Mensch zu sein, einschließlich Zelten, Dörfern, Skiern, Kochen und so weiter. Diese Vorstellung ist völlig unwissenschaftlich und in einem starken Sinne traumartig, wie es die Vorstellungen indigener Völker im Hinblick auf Tiere und Menschen häufig sind.

Die jukagirische Vorstellung davon, wie es ist, ein Rentier zu sein, wirkt heutzutage auf die meisten Menschen völlig verrückt; wir meinen, es mit unserem wissenschaftlichen Wissen besser zu wissen als die Jukagiren. Aber gerade haben wir gesehen, dass die wissenschaftliche Vorstellung davon, wie es ist, eine Fledermaus zu sein, ein Rentier oder ein Krake, uns zwangsläufig von der tatsächlichen Erfahrung dieser Tiere ausschließt, allein weil sie *wissenschaftlich und somit unvermeidlich menschlich* ist. Obwohl uns die Vorstellung der

Jukagiren solche Mühe bereitet, hat sie zumindest zwei Vorteile: Erstens stammt sie von Menschen, die Rentiere – echte, lebende Rentiere im Wald – tatsächlich kennen, und das so gut wie sonst niemand; und zweitens ist sie weniger wissenschaftlich als traumartig.

Wir wissenschaftlich denkenden Menschen sind ungeheuer gut darin, von Gürteltieren zu meinen, sie könnten unmöglich Quadratwurzeln verstehen. Weniger gut sind wir darin, von uns selbst zu meinen, wir könnten unmöglich Gürteltiere verstehen. Denn immerhin verstehen wir ja Quadratwurzeln wahnsinnig gut! Lange Zeit mussten wir nicht hierüber nachdenken, indem wir Gürteltiere für Zombies hielten – so gab es nichts weiter nachzudenken. Mittlerweile gestehen wir Gürteltieren zu, dass sie keine Zombies sind, und denken, wir könnten ihre Gehirne auseinandernehmen und uns dadurch ihrem Bewusstsein nähern. Wir meinen, dass wir sie mithilfe von Ähnlichkeiten und Unterschieden zwischen Abläufen in ihren Gehirnen und Körpern und Abläufen in menschlichen Gehirnen und Körpern in eine Rangliste von Entwicklung, Differenziertheit und »Wert« einstufen können. Selbst wissenschaftlich gesehen ist diese Vorgehensweise dubios. Denn die tiefsten Einsichten in das Bewusstsein von Tieren wären jene, die uns die Unterschiede aufzeigten, die radikalen Unterschiede, die unbegreiflichen Unterschiede zu uns – jene Gürteltierquadratwurzeln, die einfach nicht zum *menschlichen* kognitiven Repertoire gehören. Aber eben diese Unterschiede können wir, allein weil wir Menschen sind, unmöglich begreifen.

Wir Nichtanimisten neigen dazu, uns Tierbewusstsein mittels einer Art Subtraktion vorzustellen. Weil wir Tiere als niedere Wesen betrachten, denken wir, ein Gürteltier zu sein, müsse ungefähr so sein, wie es ist, ein Mensch zu sein, halt nur sehr viel weniger so. Das Gürteltier ist weniger bewusst, weniger mathematisch, weniger linguistisch, weniger empfindsam – im Grunde etwas zwischen dem Automaten von Descartes oder dem Zombie der Antiphysikalisten und einem vollwertigen Menschen. Es handelt nach Instinkt, reflektiert nicht, und das Einmaleins lernt es auch nie.

Doch wir können nicht begreifen, was das Gürteltier erfährt und wir zu erfahren nicht imstande sind. Wir können es nicht begreifen, *eben weil wir nicht imstande sind, es zu erfahren.* Sollte es im Gürteltiergehirn ein System oder Verfahren geben, das mit solchen unzugänglichen Teilen der Gürteltiererfahrung korrelierte, wüssten Neurowissenschaftler, sollten sie denn überhaupt über ein solches System oder Verfahren stolpern, nicht, was damit anfangen. Sie könnten es nirgendwo zuordnen. Genauso wenig, wie ein Gürteltier, im unwahrscheinlichen Fall, dass es über ein Quadratwurzelsymbol stolpern sollte, in der Lage wäre, es unserer (für das Gürteltier) unzugänglichen Mathematik zuzuordnen.[O]

O Eine weitere Frage, nämlich ob ein komplexeres Gehirn unbedingt zu intensiveren und »wertvolleren« Erfahrungen führt, entstammt der Forschung zum menschlichen Gehirn unter dem Einfluss psychedelischer Drogen. Immer wieder beschreiben Menschen Erfahrungen mit Drogen wie LSD oder Psilocybin (Zauberpilzen) als mitunter die intensivsten und bedeutsamsten ihres Lebens. Zugleich geht man heute davon aus, dass unter dem Einfluss von Psychedelika das Default Mode Network (DMN) ruhiggestellt wird, also der höchstentwickelte Teil unseres Gehirns (auch verantwortlich für unser Selbstgefühl oder Ich), dadurch die »primitiveren« Teile gelockert und so »magisches […] und divergentes oder kreatives Denken«[51] freigesetzt wird und wir mit Wahrnehmungen geflutet werden, die normalerweise herausgefiltert würden, damit wir der Welt effizient begegnen können. Doch nicht nur bei Konsumenten psychedelischer Drogen ist das DMN außer Gefecht gesetzt; auch »bei niederen Tieren und kleinen Kindern fehlt [es] oder [ist] noch nicht entwickelt«.[52] Die Entwicklungspsychologin und Philosophin Alison Gopnik sagt sogar: »Die kurze Zusammenfassung lautet, dass Babys und Kinder im Grunde ständig auf einer psychedelischen Reise sind.«[53]

•

Was, wenn dieser Satz ein Nilpferd wäre?, fragt Douglas Hofstadter. Das Bild ist kein wissenschaftliches, sondern ein traumartiges. Es stammt aus Alices Wunderland. In dieses Reich begeben wir uns, wenn wir uns mit unserem menschlichen Bewusstsein in das Bewusstsein anderer Tiere begeben wollen. Wissenschaft, eine durch und durch menschliche Aktivität, kann uns wohl beim Subtrahieren helfen. Aber diese Addition kann sie nicht bewerkstelligen. Das Problem ist nicht nur schwierig; es ist undurchdringlich.

Bis vielleicht eines Tages Sätze doch zu Nilpferden werden. Was jede Nacht passiert. Und, wenn wir loslassen, manchmal sogar bei helllichtem Tag.

Dass ein ruhiggestelltes DMN, zusätzlich zu der Wirkungsstärke und dem Wunder kindlicher Erfahrung, in Erwachsenen so tiefe und bedeutsame Erfahrungen hervorruft, erweckt den Anschein, sogenannte »höher entwickelte Teile des Gehirns« könnten die Qualität von Erfahrung eher mindern als verstärken. Das würde wiederum nahelegen, dass Tiererfahrung, wenn auch für uns unbegreiflich, durchaus sehr viel intensiver sein könnte als die menschliche und somit mehr Respekt und Achtung als die unsere verdienen würde. Betrachten wir darüber hinaus, was Tiere tatsächlich tun (denken Sie etwa an Möwen, die über Meeresklippen aufsteigen, auf Sturmböen segeln und blitzschnell in die Wellen hinabschießen, um sich ihr Abendessen zu holen), und vergleichen es mit dem, was wir tun (zum Supermarkt fahren und dort Fisch kaufen), verschiebt sich das Gleichgewicht noch weiter zu unseren Ungunsten.

Falls Douglas Hofstadter recht hat und ein Mensch unmöglich wissen kann, wie es ist, eine Fledermaus zu sein (im Gegensatz zu einem Menschen mit fledermausartigen Erfahrungen), falls es sogar unsinnig ist, auch nur davon zu sprechen, dann haben die Descartsche Behauptung, nur Menschen verfügten über einen Geist, sowie die modernere, verwässerte kartesianische Vorstellung, Menschen krönten eine Pyramide ansteigender Bewusstseins- und Wertstufen, so gut wie keine Grundlage.

Doch selbst wenn wir nicht wissen können, wie es ist, in einem anderen Bewusstsein zu leben, können wir in Kontakt mit anderen Erfahrenden treten – wie wir es beispielsweise mit unseren Mitmenschen oder Haustieren tun. Sich auf einen solchen Kontakt mit anderen erfahrenden Wesen einzulassen, ist ein grundlegender Zug des Animismus, wie wir gleich im Kapitel »Raben, Elch und Wunderwaffen« sehen werden.

KAPITEL 4

Raben, Elch und Wunderwaffen

Worin wir über Magie und Gestaltwandlung nachdenken und Elche zu verführerischen Frauen werden.

Als der Phänomenologe und Taschentrickkünstler David Abram Anfang der 1980er-Jahre bei einem Schamanen im Himalaja in der Lehre stand, erhielt er die Aufgabe, seinen Blick auf einen Punkt in der Brust eines Raben zu konzentrieren. Während er das an mehreren Vögeln übte, fiel ihm ein Rabe auf, der ungewöhnlich neugierig und offen in Kontakt trat. Daraufhin erinnerte sich Abram an andere einzelne Wildtiere, denen er in der Vergangenheit begegnet war, und kam zu folgender Überlegung:

> Die Beobachtung indigener Völker, dass es bestimmte Individuen gibt – in unserer eigenen zweibeinigen Gattung wie auch unter anderen Tieren –, die sich in einer seltsam anderen Klasse als ihresgleichen befinden, hat manch ursprüngliche Tradition zu der Ansicht gebracht, dass eine völlig andere Spezies existiere, zu der solche Individuen gehören, eine Klasse von Wesen, die *zwischen* verschiedenen Gattungen kreuzen und je nach Bedarf die Eigenschaften unterschiedlicher Tiere annehmen können – die fähig sind, Flügel gegen Geweihe einzutauschen oder Pfoten für

> schuppige Flossen aufzugeben oder sogar für Hände mit Fingern. Zu dieser Klasse gehören all jene, die in ihrer menschlichen Gestalt als Schamanen gelten – als Magier oder Zauberer.[54]

Abram lernte, sich auf den Punkt im Raben zu konzentrieren, nicht nur mit den Augen, sondern auch mit Ohren und Tastsinn. Als Sonam – sein schamanistischer Lehrmeister – sah, dass Abram so weit war, ging er mit ihm zum Rand einer Schlucht. Abram erzählt, was dann geschah:

> Jetzt hüpft der Vogel, er geht nicht, zum Rand der Schlucht, und ich spüre jeden Hüpfer als leichten Ruck. Seine Schultern weiten sich, als sich die Flügel öffnen und anheben, und mit einem Ausfallschritt sind wir in der Luft. […] Die Felskante verschwindet unter uns, der Boden macht einer furchterregenden Leere Platz, und unter uns öffnet sich die gesamte Schlucht. […] Ein Schwindelgefühl steigt von meinem Bauch in meine Kehle, und ich falle, ich falle – Jetzt sterbe ich –, aber plötzlich höre ich diese Stimme – »Augen auf!« – und spüre, wie sich Sonams Finger fester in meine linke Schulter drücken, und ich reiße die Augen auf, um besser zu sehen. Jetzt folgen wir dem blauen Wasserband, es wird größer und breiter und *lauter*. […] Die Klippen neigen sich zu unserer Seite, und der Fluss rückt in die Ferne, dann nähern sich wieder die Klippen, dann der Fluss, dann dieser Abgrund, und irgendwann wird mir klar, dass wir uns am Rand der Schlucht emporschrauben, auf einem der warmen Aufwinde segeln, wobei

> ich Raben schon so oft beobachtet habe. [...] Wir drehen in einem weiten Bogen nach rechts, und der Ausblick, der sich dort unter uns öffnet, schickt mir Schauer durch Brust und Rückgrat: Berge über Berge voller Gletscher, die sich in die weiße Ferne erstrecken. [...] Und dort, hinter den anderen Felsen am Rand des Abgrunds ist ein seltsames Wesen – nein, zwei Wesen, zwei bekleidete Menschen, die nebeneinander auf dem Boden kauern. Ihre Gesichter sind nach oben gewandt, sie starren fortwährend zu uns hinauf, auch als wir hinabgleiten, ihr Blick folgt uns exakt, ihre Köpfe bewegen sich dabei synchron. Die Augen von einem der beiden sind besonders beherrschend, fast schmerzhaft, sie starren genau auf, genau hinauf und direkt hinein in ...
> mich.[55]

Abrams Bericht ernst zu nehmen, dürfte für die meisten von uns verstörend sein; es würde unsere Vorstellungen von unserem Platz in der Welt zerstören. Am einfachsten ist, ihn nicht für einen Schamanen, sondern für einen Scharlatan zu halten. Aber wie sich herausstellt, ist er nicht allein.

•

Die im vorigen Kapitel erwähnten Jukagiren sind eine kleine Gruppe indigener Subsistenzjäger in der Russischen Republik Sacha. Ihre Jagdgewohnheiten dürften auf die meisten von uns Nichtanimisten ziemlich irre wirken. In der Nacht vor einer erfolgreichen Jagd erhält ein Jukagire üblicherweise Besuch vom Geist einer Elchkuh, in der Gestalt einer schönen nackten Frau. Der Jäger hat Sex mit der Frau. Der Geist, in den Jäger verliebt, erlaubt ihm am nächsten Tag, die Elchkuh zu verführen und sie nah herbeizulocken – wo er sie dann erschießt. (Gibt er ihrer List nach, nimmt der Geist den Jäger als ihren Liebhaber mit sich, und der Jäger stirbt.) Verschiedene Geister können sogar den Ort des Stelldicheins am nächsten Tag unterscheiden, wie in den Träumen eines männlichen Jägers mittleren Alters:

> Sie sehen mich immer gerne, die drei Schwestern. Wenn ich ankomme, sind sie ein bisschen angetrunken. Sie fangen an, mit meinem Penis herumzuspielen, und schmiegen sich an mich. Wenn ich am oberen Teil des Flusses jage, nehme ich die älteste Schwester, und wir gehen ins Bett. Wenn ich am mittleren Teil jage, wähle ich die mittlere Schwester. Und wenn ich am unteren Teil jage, entscheide ich mich für die jüngste. Wenn ich aufwache, weiß ich, dass ich in dieser Saison Jagdglück haben werde.[56]

Um seinen Elch zur Strecke zu bringen, verkleidet sich der Jäger als ein solcher, mit einer

> Elchhaut, die behaarte Seite nach außen, dem Kopfschmuck mit den typischen hervorstehenden Ohren und mit Skiern, bezogen mit dem glatten Fell der Elchbeine, damit sie im Schnee wie das Tier klingen.[57]

Im folgenden Bericht begegnet ein gestandener Jäger, der Alte Spiridon, in einem solchen Outfit einer Elchkuh mit Kalb:

> Zwischen dem Weidengestrüpp erschien eine Elchkuh mit ihrem Jungen. Zuerst blieben die Tiere stehen, die Mutter hob und senkte verwirrt den riesigen Kopf, unfähig, das Rätsel vor sich zu lösen. Als Spiridon näherkam, war sie gebannt von seiner Nachahmung, gab ihre Skepsis auf, ging direkt auf ihn zu, und ihr Kalb trabte ihr hinterher. Da zielte er und erschoss sie beide. Später erklärte er das Geschehen so: »Ich sah zwei Personen, die auf mich zugetanzt kamen. Die Mutter war eine schöne junge Frau und sang: ›Verehrter Freund. Komm, und ich geleite dich am Arm zu unserem Heim.‹ Da tötete ich sie beide. Wäre ich mit ihr gegangen, wäre ich selbst gestorben. Sie hätte mich getötet.«[58]

Von dieser Begebenheit erzählt der Anthropologe Rane Willerslev in seinem Buch *Soul Hunters*. Unter den Jukagiren geschehen derlei Verwandlungen zwischen Mensch und Tier häufig, weshalb Willerslev die von Abram beschriebene schamanistische Eigenschaft keiner einzelnen Person zuschreibt:

> Im Hinblick auf die Erfahrung des Jägers, eins mit seiner Beute zu werden, vergleichbar mit der des Schamanen während ritueller Darstellungen, denke ich, der Schamanismus unter den Jukagiren ist weniger eine Form von »Mystizismus« unter der Kontrolle einer religiösen Elite, als dass er als Handlung mit breiter Basis verstanden werden sollte, in unterschiedlichem Ausmaß von gewöhnlichen Jägern praktiziert.[59]

David Abram wiederum zeichnet in seinem Buch *Im Bann der sinnlichen Natur* ein genaues Bild davon, was der Begriff »Schamane« eigentlich bedeutet:

> Um genau diesen Kontakt mit anderen Formen organischer Empfindungsfähigkeit und Bewusstheit, die eng mit der menschlichen Existenz verflochten sind, geht es, wenn die indigene Magierin [Schamanin] die Fähigkeit kultiviert, aus ihrem Alltagsbewusstsein herauszutreten. Nur indem sie die allgemein akzeptierte Wahrnehmungslogik ihrer Kultur vorübergehend ablegt, kann die Zauberin hoffen, mit anderen Arten in deren je eigener Bedingtheit in Beziehung treten zu können. Nur indem sie über den Alltagsgebrauch ihrer Sinne hinausgeht, kann sie sich mit den vielfältigen nichtmenschlichen Empfindungsformen, die ihre heimatliche Landschaft beleben, verbinden. Genau das definiert den Schamanen: die Fähigkeit, jederzeit aus den Grenzen der Wahrnehmung hinauszuschlüpfen, mit denen sich seine spezifische Kultur umgibt – wobei die gesellschaftlichen Gepflogenheiten, Tabus und insbesondere der allgemeine Sprachgebrauch die Demarkationslinie darstellt –, um den anderen Kräften des Landes zu begegnen und von ihnen zu lernen. Seine Magie ist nichts anderes als diese gesteigerte Empfänglichkeit für die sinntragenden Äußerungen, mit denen das größere, mehr-als-menschliche Feld um uns wirbt – Gesänge, Rufe, Gebärden.[60]

Das bringt uns zu einer Definition von Magie im eigentlichen Sinn:

> Magie in ihrem vielleicht ursprünglichsten Sinn ist also die Erfahrung der eigenen Existenz in einer aus verschiedensten Intelligenzen bestehenden Welt und die intuitive Erkenntnis, dass jede wahrnehmbare Form – von der kopfüber herabstürzenden Schwalbe über die Fliege auf einem Grashalm bis zum Grashalm selbst – eine erfahrende Form ist, eine Entität mit jeweils eigenen Neigungen und Sinneseindrücken, auch wenn sich ihre Art der Wahrnehmung deutlich von der unseren unterscheiden mag.[61]

•

David Abram wuchs in einem New Yorker Vorort auf, lernte als Highschool-Schüler Taschentricks und ging als »Magierkollege« bei Schamanen mehrerer indigener Kulturen in die Lehre. Später promovierte er an der Universität New York über Phänomenologie – das Studium von Bewusstseinsstrukturen durch unmittelbare Erfahrung. Der Alte Spiridon wuchs derweil als Subsistenzjäger in der sibirischen Wildnis auf, in den Resten einer der letzten animistischen Traditionen der Welt.

Aus unterschiedlicheren Welten könnten die beiden Männer kaum stammen. Trotzdem sind sie sich bei entscheidenden Grundsätzen einig. Sie sind sich einig, dass die Welt aus multiplen Intelligenzen besteht, dass alles, was wir wahrnehmen, erfahrende Gestalt ist, dass der Mensch ein Tier unter vielen ist und dass eine Art Gestaltwandlung möglich ist, in der klare Grenzen zwischen Gattungen verschwimmen.

Auf diejenigen von uns, die in nichtanimistischen Kulturen leben, wirken diese grundsätzlichen Aussagen fremd und überaus seltsam, und am deutlichsten zeigt sich unsere Ungläubigkeit, wenn wir den konkreteren Behauptungen von Abram und dem Alten Spiridon gegenüberstehen. Als da wären: Abram behauptet, im Körper eines Raben geflogen zu sein; der Alte Spiridon behauptet, eine Elchkuh sei im Körper einer schönen Frau auf ihn zugegangen und habe ihn in ihr Heim führen wollen. Trifft ein westlicher, wissenschaftlich geschulter Verstand auf diese Behauptungen, entscheidet er sich in der Regel für eine von drei Reaktionen:

1. Beide Männer lügen einfach.
2. Beide Männer sprechen metaphorisch – sie meinen nicht, sie hätten diese Erfahrungen anderer Tiere *wirklich* gehabt, sondern drücken einfach in sinngemäßen Begriffen Gefühle aus, die sie ergriffen.
3. Beide Männer müssen eine Art seltsamer Halluzination gehabt haben, von der sie glauben, sie sei real gewesen, aber sie war es nicht.

Eine vierte Möglichkeit – die einzige, die unbesehen glaubt, was die beiden Männer sagen – wird kaum je in Betracht gezogen:

4. Beide Männer hatten eine tiefe Erfahrung »magischer« Realitäten, die mittels rationaler, wissenschaftlicher Denkweisen nicht registriert, geschweige denn analysiert oder erklärt werden könnte.

Modellhaft stehen diese beiden Fälle dafür, was gemeint ist, wenn es heißt, die westliche Wissenschaft habe die Welt »entzaubert«. Vom nichtanimistischen Standpunkt aus gelten Perspektive 1, 2 oder 3. Die Vorstellung von Magie ist diesem Standpunkt unbehaglich, zutiefst unbehaglich. Und zwar nicht die Magie von Harry Potter – die ja bei genauerem Hinsehen eher eine Art alternativer Technik ist –, sondern die Magie einer Welt, die aus multiplen Intelligenzen besteht, die Magie einer »gesteigerten Empfänglichkeit« für die Äußerungen des »mehr-als-menschlichen Felds«.

•

In einem breiten Spektrum animistischer Kulturen aus der ganzen Welt ist die Art von Erfahrung, die Abram und der Alte Spiridon beschreiben, durchaus nicht ungewöhnlich. Die Menschen dieser Kulturen leben inmitten dessen, was wir als Wildnis bezeichnen, und von außen betrachtet würde man meinen, sie seien im Verständnis dieser Welt bewanderter als ein Wissenschaftler in einem Labor oder ein Gelehrter in einem Arbeitszimmer. Dennoch gilt ihre Erfahrung der Intelligenzen ihrer Umwelt häufig als abergläubisch, rückständig und unwissend, als etwas, das ihnen ein wenig Bildung austreiben würde, wenn sie sich denn nur als lernfähig erweisen sollten.

Manche Menschen zeigen sich gegenüber den Weltbildern animistischer Kulturen offener. Dank ihnen entstehen mehrere Strategien, wie sich Behauptungen wie die von Abram und vom Alten Spiridon verstehen lassen könnten.

Die erste Strategie stellt zur Diskussion, dass sich rationale und mythologische Sichten auf die Welt ergänzen, es

Platz für beide gibt. Gemäß dieser Anschauung wäre das Leben ohne unsere Geschichten, unsere Kunst, unsere Poesie sehr trocken. Diese menschlichen Schöpfungen sollten nicht im selben Sinne als »wahr« gewertet werden, in dem rationale oder wissenschaftliche Aussagen als wahr gelten; sie sind in einem tieferen Sinn wahr, in einem Sinn, der mit Gefühlen tief in uns zu tun hat, mit Vorstellungen von Schönheit und Bedeutung und unserem Platz im Universum, mit den Rätseln, denen wir jeden Tag begegnen. Ob Abram sich wirklich in einen Raben verwandelte oder der Alte Spiridon eine Elch-Geist-Frau verführte, ist nicht relevant; relevant ist die Tiefe der Erfahrung ihrer Geschichten. Diese Art von Tiefe ist weitaus wichtiger für unser Selbstempfinden, unseren Platz in der Welt, selbst für unser Funktionieren als Menschen, als der trockene Diskurs der Wissenschaft mit ihren kalten Gleichungen und unablässigen Gesetzen.

Eine weitere, völlig andere Strategie wäre, nach Punkten Ausschau zu halten, wo die Wissenschaft Glaubensüberzeugungen indigener Völker zu bestätigen scheint. So dürften jene Erkenntnisse über Tierbewusstsein, die Neurowissenschaftler mit der Erklärung von Cambridge veröffentlichten, Animisten kaum überrascht haben, denn Tiere galten ihnen schon immer als bewusste Wesen. Die Gaia-Hypothese, laut der sich die Erde »durch ihr Netzwerk komplexer Rückkopplungskreise selbst als lebendigen Planeten erhält«[62], ist ein weiteres Beispiel einer wissenschaftlichen Erkenntnis, die mit animistischen Weltbildern vereinbar ist. Diese Strategie betont also, dass die Intuitionen animistischer Völker oftmals Wahrheiten ausgedrückt haben, die die Wissenschaft erst jetzt entdeckt. Hier heißt es nicht, es gebe Magie, sondern was einst wie Magie wirkte, sei tatsächlich wissenschaftlich nachweisbare Realität.

Keine der beiden Strategien nimmt die Vorstellung von Magie ernst, wie Abram sie ausdrückt. In der ersten Strategie wird Magie als eine Art literarischer Sensibilität wegerklärt – die Magie der Fiktion –, in der zweiten wird sie als die Intuition einer noch unentdeckten wissenschaftlichen Wahrheit wegerklärt, wobei als letzte Instanz noch immer die Wissenschaft entscheidet, was real ist.

Ein dritter Ansatz gegenüber animistischen Weltbildern relativiert, was »real« ist. Nach dieser Strategie gilt *alles*, was wir studieren, als unsere Erfahrung – wie könnte es auch anders sein? Deshalb wäre die Frage sinnlos, woraus die Welt jenseits aller Erfahrung besteht oder wie sie dort ist – das würde bedeuten, uns von unseren Worten mitreißen zu lassen, sie dorthin zu treiben, wohin sie uns gar nicht führen können. Die animistische Erfahrung, die Traumerfahrung, die Erfahrung, eine wissenschaftliche Theorie zu verstehen und wissenschaftliche Prognosen zu treffen – keine von ihnen übertrumpft die andere. Sie alle sind gleichermaßen Erfahrungen und somit alle gleichermaßen gültig. Wir können uns bewusst auf bestimmte Arten von Erfahrung konzentrieren und uns unterschiedliche Arten von Expertise aneignen. Tun wir das im Schulzimmer oder im Labor, mögen wir in wissenschaftlicher Erfahrung bewandert werden; gehen wir bei einem Schamanen in der Wildnis in die Lehre, in animistischer Erfahrung – darin, die multiplen Intelligenzen der mehr-als-menschlichen Welt zu erfahren. Werden wir in einer rationalen Tradition geschult, wird unsere Erfahrung von Vernunft und Gesetzmäßigkeiten geprägt sein; in einer traumartigeren Tradition von Wandelbarkeit und Magie.

Diese Strategie vermeidet, über die Realität von Magie zu urteilen, indem sie einfach alles, was wir erfahren, für real erklärt. Wenn der Alte Spiridon eine nackte Dame anstelle eines Elches sieht, dann ist das so. Wenn Abram den Flug eines Raben erlebt, dann erlebt Abram den Flug eines Raben. Der Nachteil ist, wenn jeder seine eigene Wahrheit hat, kann auch alles wahr sein. Wenn Leute denken, die Welt sei eine Scheibe, nun ja, dann sei das für sie eben so. Magie wird hier zwar real, aber zu einem Preis. »Real« verliert seine Bedeutung.

•

1998 hielt sich Rane Willerslev zum dritten Mal bei den sibirischen Jukagiren auf. In Zusammenarbeit mit einer dänischen NGO wollte er die lokalen Trapper unterstützen, bessere Preise für ihre Zobelpelze zu erzielen als die der staatlichen Pelzhandelsgesellschaft, an die sie gebunden waren. Die Männer an der Spitze des Staatsunternehmens schätzten seine Anstrengungen eher weniger. Als einer von Willerslevs Mitarbeitern ermordet wurde, baten Willerslevs jukagirische Freunde ihn dringlichst, sich rarzumachen.

Gemeinsam mit einem jukagirischen Trapper namens Iwan Danilow floh Willerslev im tiefsten Winter in die sibirische Taiga. Die Temperaturen stiegen kaum über minus 50 Grad Celsius. Die beiden Männer übernachteten in Hütten tief in der Wildnis, fingen Zobel und gingen auf Jagd. Nach einigen Wochen konnten sie kaum noch Beute finden und saßen in einer zugefrorenen Hütte, ohne Vorräte und mit schwindender Energie. Willerslev wollte etwas von ihrem letzten Fleischvorrat holen – ein Elchkadaver, den sie im Wald gelassen hatten –, und entdeckte, dass ein Bärenmarder daran gefressen und auf die spärlichen Reste uriniert hatte, wodurch sie ungenießbar geworden waren. Danilow hatte Erfrierungen und war fast komatös. Bald würden die beiden verhungern. Willerslev schrieb einen Abschiedsbrief an seinen Zwillingsbruder, steckte ihn in die Tasche und machte sich bereit zu sterben.

Er konnte kaum aus seiner Koje aufstehen – sein Begleiter war schon ganz reglos –, er schlief allmählich ein und träumte lebhaft:

> Ich wandere durch einen dunklen Nadelwald wie jenen um uns herum und erreiche eine kleine schäbige Hütte, ungefähr wie die unsere. Drinnen steht eine Frau, die ich im Licht des Fensters gerade so erkennen kann. Ihr langes schwarzes Haar fällt wie ein nasser Vorhang über ihren nackten Körper. Sie steht völlig still und zeigt auf eine Koje, in der ein Kind in Felle gewickelt liegt. Aus einem Auge läuft dem Kind ein dünner Faden Blut.
>
> Entsetzt drehe ich mich zu der Frau um, die lächelnd meine Hand nimmt und sie auf ihre Brust legt. Ich spüre, wie fette Milch über meine Finger rinnt. Die Frau drückt mich eng an sich, drückt ihren Körper gierig gegen meinen und lächelt unentwegt. Wärme strahlt aus ihrem Körper, und ich spüre ihren Atem direkt in meinem Gesicht. Begierde durchströmt mich in Form eines unbändigen Hungers. Ich muss mit meinem Mund an ihre Brust, und ich werfe sie zu Boden, mich selbst auf sie und sauge begierig die warme, sahnige Milch ein.

> Als ich aufstehe, liegt sie leblos am Boden. Ihre Augen starren mich an, trocken und hervorstehend wie Hörner, und in ihrem Gesicht bewegt sich kein einziger Muskel. Sie ist tot. Der Hunger nagt noch immer in meiner Brust, und ich reiße ihr das blutige Fleisch von den Knochen, esse immer gieriger und gieriger.[63]

Am Tag darauf raffte Willerslev sich auf und ging mit seinem Gewehr und seinen letzten vier Patronen nach draußen. Als er gerade einen gefrorenen Fluss überquerte, fing das Eis an zu brechen und gab unter seinen Füßen nach:

> Ich laufe schneller, aber das Ufer ist noch weit entfernt, und das Eis bricht schneller, als ich laufen kann.
>
> Verzweifelt greife ich in die Tasche, ziehe eine Patrone hervor, werfe sie in eine der vielen Eisspalten und schreie: »Die ist für dich!«
>
> Sofort hört das Eis auf zu brechen, als würde eine unsichtbare Kraft es zusammenhalten, und ich erreiche das Ufer, ohne auch nur nasse Füße bekommen zu haben. Ich denke an »Großmutter« Akulina in Nelemnye, die mir neben vielen anderen guten Ratschlägen zeigte, wie man dem Wald, den Seen und den Flüssen Opfer darbringt: »Bloß eine Münze oder eine andere Kleinigkeit. Das reicht schon.« Ich habe also eine kostbare Patrone verloren, glaube aber, genau damit mein Leben gerettet zu haben.[64]

Nachdem er die Uferböschung hinaufgeklettert war, hörte Willerslev ein tiefes Grunzen und sah im Weidengestrüpp einen Schatten. Der Wind stand günstig; er konnte sich auf fast neun Meter nähern. Er schoss; das Tier fiel; er sah einen weiteren Rücken und schoss noch zweimal.

Als er sich näherte, sah er, dass

> eine Elchkuh und ihr Junges tot im Schnee liegen. [...] Aus dem prallen Euter der Kuh fließt satte, sahnige Milch. Sofort habe ich Hunger, lege meinen Mund an den Euter und trinke in tiefen Schlucken. [...] Ich schneide der Elchkuh den Hinterlauf ab, nehme ein paar kräftige Bissen vom rohen Fleisch und verstaue den Rest in meinem Rucksack.[65]

Und so überlebten Willerslev und Danilow. Als sie aus den Wäldern zurückkehrten, hatten sich die Spannungen um die Pelzpreise gelegt. Willerslev gab das Projekt auf und kehrte nach Dänemark zurück.

Später schrieb er:

> Mein Vater war Wissenschaftler, ein Mann der Vernunft. Er brachte mir Respekt vor objektivem Wissen bei, eine Aversion gegen Falschdarstellungen, ein Grauen vor Selbsttäuschung und ein Verlangen nach Klarheit. Doch unter den Jägern in der sibirischen Wildnis verlor ich allmählich meinen Glauben an die Vernunft. In dieser rauen Umgebung, wo es keine Versorgungslinien mehr gibt und Menschen zurück in die reine Subsistenzwirtschaft gezwungen werden, wird Leben erhalten durch etwas so Irrationales und

> Fundamentales wie das Vertrauen zwischen Jägern und Geistern. Ich habe diese Denkweise zu schätzen gelernt; hätte ich mich allein von der Vernunft leiten lassen, läge ich jetzt sicherlich tot irgendwo im sibirischen Frost.[66]

•

Steven Pinker, Psychologieprofessor in Harvard und von mehreren Publikationen zu den einhundert wichtigsten »öffentlichen Intellektuellen«, »globalen Denkern« und »einflussreichen Menschen« gezählt, nimmt sich in seinem Buch *Aufklärung jetzt* von 2017 einen Begriff vor, den Willerslev im eben zitierten Abschnitt verwendet: den Glauben an die Vernunft. Vernunft, so Pinker, sei nicht etwas, woran wir *glauben* – sondern etwas, das wir *anwenden* [Pinkers Kursivierung]. Vernunft sei »nicht verhandelbar«, und »auch wenn Vernunft allem anderen vorausgeht und sich nicht mittels erster Prinzipien begründen lassen muss (und kann!)«, gilt:

> Sobald wir sie anwenden, können wir darauf vertrauen, dass die jeweils von uns angewendeten Arten logischen Denkens verlässlich sind, wenn wir ihre innere Kohärenz und Übereinstimmung mit der Wirklichkeit erkennen. [...] Das Leben ist kein Traum mit zusammenhanglosen Erlebnissen in einer verwirrenden Abfolge. Und die Anwendung der Vernunft auf die Welt rechtfertigt sich selbst, indem sie uns die Fähigkeit verleiht, die Welt nach unserem Willen zu formen – sei es, dass wir Infektionen bekämpfen oder Menschen auf den Mond schießen.[67]

Das Leben mag kein Traum sein – obwohl Größen von Borges über Shakespeare und Monty Python bis Zhuangzi meinten, dem könne sehr wohl so sein –, aber zumindest teilweise besteht es aus Träumen: Träumen wie denen von Willerslev, in denen durchaus zusammenhanglose Erlebnisse in einer verwirrenden Abfolge geschehen. Und wenn minus 50 Grad herrschen und du rausgehst, um Fleisch aus deinem Vorrat zu holen und stattdessen ein nacktes Gerippe vorfindest, das nach Bärenmarderpisse stinkt; oder wenn das Eis, das du gerade überquerst, jäh zu brechen beginnt, aber aufhört, sobald du ihm deine viertletzte Patrone anbietest (und so die Welt nach deinem Willen formst); oder wenn du nach einem Monat Hungersnot zwei Elche schießt und siehst, wie Milch aus einem Euter fließt wie in deinem Traum von einer nackten Frau in der Nacht zuvor – dann könntest du wohl denken, dass selbst der Wachzustand eine Reihe »zusammenhangloser Erlebnisse in verwirrender Abfolge« ist.

Für vernünftige wissenschaftliche Denker liegt die Erklärung nahe, warum das Eis zu brechen aufhörte und Willerslevs Traum die Jagd so präzise vorhersagte. Dass ein hungernder Mann von Milch und Fleisch träumt, überrascht kaum; und wenn er dazu noch in einer Kultur lebt, die glaubt, Tiergeister nähmen in Träumen die Gestalt verführerischer Frauen an, überrascht auch nicht, dass in seinem Traum eine solche Frau auftaucht. Dass in der sibirischen Taiga eine Elchkuh mit Jungem unterwegs ist, ist auch zu erwarten. Die Wahrscheinlichkeit, dass ein solcher Traum einer solchen Begegnung vorausgeht, mag gering sein, aber das gilt ebenso für die Wahrscheinlichkeit, dass, wer auch immer gestern im Lotto gewonnen hat, tatsächlich im Lotto gewonnen hat. Nach den Gesetzen der Statistik muss eine gewisse Anzahl unwahrscheinlicher Ereignisse einfach geschehen – es würde den Gesetzen der Statistik sogar widersprechen, wenn dem nicht so wäre. Dass Eis hin und wieder anfängt zu brechen und dann wieder aufhört, unabhängig davon, ob irgendjemand es gerade mit Patronen bewirft, dürfte auch kaum überraschen; und falls jemand gerade eine Patrone wirft und das Eis im selben Moment zu brechen aufhört, ist das immer noch wahrscheinlicher, als dass der Lottogewinner von gestern tatsächlich gewonnen hat. Nach den Gesetzen der Statistik gilt hier abermals, dass eine gewisse Anzahl unwahrscheinlicher Ereignisse geschehen muss und das diese Gesetze bestätigt, statt, wie es Zufallsbesessenen vielleicht lieber wäre, sie zu widerlegen. Die Fakten von Willerslevs Erfahrung hätten nichts mit Animismus zu tun, würden vernünftige wissenschaftliche Denker sagen, oder mit dem Vertrauen zwischen Menschen und nichtexistenten Geistern – wenngleich es natürlich verständlich sei, dass Willerslev sie dementsprechend auslege.

Aber Willerslev ist selbst Wissenschaftler und mit alledem vertraut. Und ebendiese Vertrautheit macht seine Aussagen bemerkenswert. Er ist kein New-Age-Typ, geflasht von kosmischen Fügungen, die Sinn und Zweck des Universums beweisen. In seiner Aussage, wie er den Glauben an die reine Vernunft verloren habe, lauten die Schlüsselworte: »Doch unter den Jägern in der sibirischen Wildnis.« Er sagt nicht, rationale statistische Analyse sei verkehrt; er sagt, dass sie, obgleich sie in einem Cambridger Arbeitszimmer mit Zentralheizung oder in einer Wohnung mit Blick über den Boston Harbor gelten mag, das in einer »rauen Umgebung, wo es keine Versorgungslinien mehr gibt und Menschen zurück in die reine Subsistenzwirtschaft gezwungen werden« vielleicht nicht tut.

Auch Pinkers Argument, Vernunft sei nicht verhandelbar, scheint Willerslevs Hinwendung zum Animismus eigentlich zu unterstützen: »Sobald wir sie anwenden, können wir darauf vertrauen, dass die jeweils von uns angewendeten Arten logischen Denkens verlässlich sind, wenn wir ihre innere Kohärenz und Übereinstimmung mit der Wirklichkeit erkennen.« Draußen in der winterlichen Taiga sorgte eine animistische Weltsicht für innere Kohärenz und Übereinstimmung. Und das laut Willerslev recht gut.

Vielen Nichtanimisten fällt die Vorstellung schwer, dass sich im Kontext der Wildnis, außerhalb der Stadt und der Universität, neben der wissenschaftlichen Denkweise andere Denkweisen »selbst rechtfertigen«. Die Art und Weise, in der sich der Alte Spiridon ganz auf seine Umwelt und die mehr-als-menschliche Welt einlässt und die ihn so erfolgreich jagen lässt, ist nicht das Ergebnis unermüdlicher wissenschaftlicher Forschung. Offenkundig ist sie gar nicht mit ihr vereinbar, wie unsere sofortige Skepsis zeigt, wenn wir von nackten Elchfrauen und verführerischen Geistern hören. Aber sie funktioniert. Die Schlüsselfrage lautet hier: Ist die »Übereinstimmung mit der Wirklichkeit«, die Spiridon für sich nutzt, einfach das zufällige Ergebnis einer glücklichen Einbildung? Handelt es sich um ein Beispiel für Nietzsches Idee, Irrtum sei für das Überleben wichtiger als Wahrheit?[P] Oder aber ist Spiridons Wahrheit eher eine Wahrheit und die wissenschaftliche Wahrheit eine andere, und keine von beiden hat das absolute Sagen?

P Ein wiederkehrender Gedanke bei Nietzsche (und womöglich der eigentliche Grund für Steven Pinkers Hass auf den Mann – vgl. seine Polemik in Aufklärung jetzt, Kapitel 23, S. 857–875). So schreibt Nietzsche etwa in Abschnitt 121 von *Die fröhliche Wissenschaft*: »Das Leben ist kein Argument; unter den Bedingungen des Lebens könnte der Irrtum sein.«[68]

Vielleicht leben wir in einer Welt, für die Wallace Stevens' Gedicht *Auf dem Weg nach Hause* gilt: »›Es gibt viele Wahrheiten, aber sie sind nicht die Teile einer Wahrheit.‹«[69]

•

Laut Steven Pinker[70] widerlegen sich Argumente wie meines hier von selbst. Der bloße Umstand, für etwas zu plädieren – egal wofür –, bedeutet für Pinker, dass ich Gründe anführe, »welche von [meinem] Gegenüber, wie [ich] insistiere, nach den Maßstäben der Rationalität, von denen [wir] beide ausgehen, zu akzeptieren seien«. Es sei widersprüchlich, nach den Maßstäben der Rationalität zu argumentieren, dass man mit ebendiesen Maßstäben falsch liege. So begründet er seine Behauptung, Vernunft sei »nicht verhandelbar«.[Q]

Man kann Pinker leicht darin zustimmen, dass niemand im Rahmen der eigenen Argumentation die Rationalitäts-

Q Pinkers Argument an dieser Stelle wird von Hume wunderbar widerlegt: »Dies halte ich für die wahre Sachlage. Nicht billigen kann ich dagegen jene schnellfertige Art, die einige gegenüber den Skeptikern üben, ich meine jene Art, die Argumente derselben ohne Untersuchung oder Prüfung einfach abzuweisen. Wenn skeptische Schlüsse überzeugend sind, sagt man, so ist dies ein Beweis, daß die Vernunft nicht ohne Kraft und Autorität ist; wenn sie nicht überzeugend sind, so können sie nicht genügen, die Schlüsse des Verstandes zu entkräften. Dies Argument ist nicht stichhaltig. Vielmehr müßten die skeptischen Schlüsse, wenn sie überhaupt existieren könnten und nicht an ihrer eigenen Subtilität zugrunde gingen, nacheinander bald überzeugend sein, bald nicht, je nach den wechselnden Verfassungen des Geistes. Die Vernunft erscheint zunächst als die Herrscherin auf dem Throne, mit absoluter Macht und Autorität Gesetze vorschreibend und Grundsätze aufstellend. Darum begibt sich auch ihr Feind notgedrungen in ihren Schutz. Er verschafft sich durch Geltendmachung vernünftiger Argumente für die Trüglichkeit und Beschränktheit der Vernunft gewissermaßen ein Patent, das von der Vernunft selbst ausgefertigt und mit ihrem Siegel versehen ist. Dieses Patent hat dann zunächst eben das Ansehen, das dem ursprünglichen und unmittelbaren Ansehen der Vernunft entspricht, von der es herstammt.

standards, auf die er sich beruft, für falsch hält – das ergäbe wohl kaum eine gute Argumentation. Aber das bedeutet nicht, dass diese Standards nie falsch wären. Es mag genau das Richtige sein, sich in einer formalen Argumentation wie dieser hier auf sie zu berufen, aber genau das Falsche in einem anderen Kontext, wie etwa der Taiga im tiefsten Winter. Und eben das ist Willerslevs Punkt.

Roger Federer und Serena Williams sollten lieber nicht vernünftig überlegen, wohin sie einen Ball schlagen – Vernunft ist als Instrument viel zu langsam, viel zu klobig, als dass sie den genialen Bewegungen innerhalb weniger Sekundenbruchteile dienlich wäre, die die beiden zu so großen Athleten machen. Der vorige Satz zeigt beispielhaft, wie man mithilfe von Vernunft argumentieren kann, dass unter bestimmten Umständen die Anwendung ebendieser Vernunft albern wäre. Auf die gleiche Weise kann ich Sprache völlig stringent nutzen, um einige Unzulänglichkeiten von Sprache zu beschreiben und zu sagen, es gebe Dinge, die sich durch Sprache nicht ausdrücken ließen.

Darüber hinaus ist Vernunft keineswegs das monolithische Denkgebäude, als das es Pinkers »nicht verhandelbares« Argument darstellt. Es gibt alle möglichen Arten von Vernunft, vom induktiven Denken der Wissenschaft – vom

Da aber das Patent [in seiner Wirkung] gegen die Vernunft gerichtet ist, so vermindert es allmählich die Stärke dieser herrschenden Macht und damit zugleich seine eigene, bis sich zuletzt beide, regel- und ordnungsgemäß dahin schwindend, in nichts auflösen. Die skeptischen und die dogmatischen Vernunftgründe sind einander gleichwertig, obgleich sie sich in ihrer Wirksamkeit und ihrem Endzweck entgegenstehen; es haben also die letzteren, solange sie mächtig sind, einen Feind von gleicher Stärke in den ersteren zu bekämpfen. Wie die Stärke beider anfänglich gleich groß ist, so bleibt sie auch gleich groß, solange beide überhaupt standhalten; es können in dem Widerstreit weder die einen noch die anderen an Stärke verlieren, ohne ihrem Gegner das gleiche Maß der Stärke zu rauben.«[71]

Einzelnen zum Allgemeinen hinführend – bis zu Humes Gedanken über den entscheidenden Fehler in ebendiesem induktiven Denken; von animistischen Überlegungen bis zu der Art von Überlegung, wie man ein Kleinkind dazu bringt, die Erbsen aufzuessen; von der Logik von Träumen bis zu der Unlogik, die uns die Widersprüche der Quantenmechanik aufnötigen. Als der Physiker und Nobelpreisträger Richard Feynman sagte: »Niemand versteht Quantenmechanik«, verdeutlichte er damit, wie auffällig abwesend Pinkers »innere Kohärenz« in der Quantenwelt ist (den Nobelpreis erhielt Feynman für seine Arbeit auf dem Gebiet der Quantenelektrodynamik). Der Physiker Werner Heisenberg, Urheber der Unschärferelation, beobachtete Folgendes:

> Die Ontologie des Materialismus beruhte auf der Illusion, daß man die Art der Existenz, das unmittelbar Faktische der uns umgebenden Welt, auf die Verhältnisse im atomaren Bereich extrapolieren könne. Aber diese Extrapolation ist unmöglich. [...] Atome sind keine Dinge.[72]

Auch Vernunft ist kein »Ding« – sie ist ein breiter Begriff, der sich unmöglich festmachen lässt, ein Sammelbegriff, gekennzeichnet durch zahlreiche Nuancen und Widersprüche. Wenn Heisenberg sagt, »Atome sind keine Dinge«, ist das dann völlig vernünftig oder völlig unvernünftig? Argumente gäbe es für beides. Vernunft, so scheint es, ist kaum das »nicht verhandelbare« A und O, wie Pinker behauptet.

Überraschend ist das nicht, zumindest nicht für Wissenschaftler. Der Darwinismus lehrt uns, dass unsere Denkfähigkeiten nicht selektiert wurden, weil sie Grundwahrheiten über Gott, Philosophie, Physik oder die Vernunft selbst geboten hätten, sondern oftmals einen ganz praktischen Fortpflanzungsvorteil. Praktisch gesehen (einschließlich praxisbezogener Wissenschaft und Technik) hat uns Vernunft recht gut gedient, um zu überleben und uns weiterzuentwickeln, genau so, wie es die Echoorientierung für Fledermäuse getan hat, der Infrarotblick für Grubenottern und ein feiner Geruchssinn für Wölfe. Niemand würde behaupten, die Sonarfähigkeiten der Fledermaus seien »nicht verhandelbar« oder böten unumstößliche Wahrheiten über das Universum. Vernunft weniger als quasi-mystischen, allumfassend wahrheitsbringenden Mechanismus zu betrachten, sondern eher als evolutionäre Anpassung, die manchen, aber nicht allen denkbaren Zwecken dient, entspräche viel eher der Wissenschaft, für die Pinker so großen Respekt bezeugt – somit erscheint es rätselhaft, warum Pinker der Vernunft einen »nicht verhandelbaren« Status verleihen möchte. Der Darwinismus macht die sonst unerklärliche Tatsache verständlich, dass die formale Vernunft, wenn sie ausgereizt wird, letztendlich fast immer auf Selbstwidersprüche oder Zirkelschlüsse stößt. Begriffen wie »Realität«, »Wahrheit«, »Bewusstsein« oder sogar der mutmaßlich nicht verhandelbaren »Vernunft« lässt sich unmöglich eine befriedigende Bedeutung beimessen, die weder zirkulär noch widersprüchlich wäre.

•

Zu sagen, »es gibt viele Wahrheiten, aber sie sind nicht die Teile einer Wahrheit« – also keine Bestandteile einer übergreifenden, einzigen Wahrheit, sondern durchaus nicht miteinander vereinbar –, bedeutet, den säkularen Humanismus herauszufordern. Pinkers Art von wissenschaftlichem Weltbild geht davon aus, alle erfassbare Wahrheit sei wissenschaftlich zugänglich, alle Wahrheit mit aller anderen Wahrheit vereinbar, und dass wir mit wissenschaftlichem Denken den einzigen Schlüssel gefunden hätten, um dieses Gebäude vieler Wahrheiten – allesamt Einzelteile *der* Wahrheit – zu errichten.

Wallace Stevens' Gedicht *Auf dem Weg nach Hause* beginnt wie folgt:

> Es war, als ich sagte:
> »So etwas wie die Wahrheit gibt es nicht«,
> Daß die Trauben noch praller schienen.
> Der Fuchs rannte aus seinem Loch.[73]

»So etwas wie *die* Wahrheit gibt es nicht«, schreibt Stevens – nicht »So etwas wie Wahrheit«. Stevens Alternative zufolge kann es viele Wahrheiten geben, die vielleicht unvereinbar sind. Pinkers Wahrheit mag in Harvard gelten, die des Alten Spiridon bei minus 50 Grad in der Taiga. Interessanterweise explodiert bei Stevens die Welt der Pflanzen und Tiere eben dann vor lauter Leben (die Trauben, der Fuchs: die belebte Welt), wenn er die *eine* Wahrheit aufgibt.

Und doch, zu akzeptieren, dass unterschiedliche, unvereinbare Wahrheiten existieren, ist weit entfernt von einem Relativismus oder Subjektivismus, laut dem entweder gar nichts wahr ist oder alles, wenn man es bloß dafür hält. Es gibt viele Wahrheiten – und noch mehr Unwahrheiten. Diese Wahrheiten und Unwahrheiten voneinander zu unterscheiden, erfordert vielleicht ein subtileres Vorgehen, als nur eine Wahrheit zu akzeptieren und alle anderen zu verdammen.

•

Und so fragen wir noch immer und wollen noch immer wissen: Lügt Abram? Hat er halluziniert? Ist er ins Schwärmen geraten?

Der hyperrationale Sherlock Holmes rät, dass wohl zutreffen muss, was auch immer übrig bleibt, nachdem man das Unmögliche ausgeschlossen hat, so unwahrscheinlich es auch sein mag. Natürlich ist es nicht unmöglich, dass Abram lügt; dass aber Abram lügt und Spiridon lügt und Willerslev lügt und die Berichte ganzer Gesellschaften animistischer Völker eine einzige kollektive Lüge sind, erscheint schon viel eher unmöglich. Die Traumpfade der australischen Aborigines sind höchstwahrscheinlich keine einzige große Lüge, erfunden, um Weiße zu beschwindeln. Nehmen wir also mal an, dass Animisten nicht einfach bloß lügen.

Schließen wir auch mal die Möglichkeit aus, dass Abram (und die anderen) bildlich sprechen. Abram weiß, wie man schreibt und eine Metapher gut einsetzt. Die Passage über seinen Rabenflug wirkt nicht wie eine literarische Fantasie, sondern wie eine faktische Erzählung. Und was genau der Alte Spiridon würde ausdrücken wollen, wenn er eine nackte Frau als Metapher für einen bestimmten Aspekt eines Elches einsetzen würde, wird auch nicht ganz klar. Willerslev warf seine Patrone nicht metaphorisch weg – er warf sie weg. Und das Träumen der australischen Aborigines ist mehr als ein ungemein komplexes rhetorisches Mittel.

So bleiben uns noch zwei Möglichkeiten: Halluzination und Magie.

Eine Möglichkeit, um Halluzinationen von der von uns so bezeichneten Realität zu unterscheiden, ist, nach Verstößen gegen die Gesetze der Physik Ausschau zu halten. Sehe ich also – im Traum oder in einem Drogenrausch –, wie sich ein Stuhl plötzlich in ein Stinktier verwandelt, werde ich für gewöhnlich sagen, es handele sich um eine Halluzination, da die Gesetze der Physik klar festlegen, dass sich ein Stuhl unmöglich in ein Stinktier verwandeln kann.

So betrachtet hat es den Anschein, dass sowohl Abram als auch der Alte Spiridon halluziniert haben müssen, da die physikalischen Gesetze ausschließen, dass Menschen bei Raben mitfliegen oder Elche sich in schöne nackte Frauen verwandeln.

Aber der Fall ist noch nicht ganz abgeschlossen. Nicht nur Halluzinationen verstoßen gegen die Gesetze der Physik: Auch Magie tut das. Magie, so heißt es, sei jedoch unmöglich. Und wenn wir fragen warum, heißt es, sie sei unmöglich, weil sie … gegen die Gesetze der Physik verstoße.

Hier gibt es ein Problem. Die Frage lautet: Ist Magie möglich? Das heißt, kann je gegen die physikalischen Gesetze verstoßen werden? Die Antwort lautet: Nein, weil nie gegen die physikalischen Gesetze verstoßen werden kann. Die Rechtfertigung der Antwort ist hier dasselbe wie die Antwort. Es ist, als würden wir fragen: Kann Wasser aufwärts fließen?, und dann antworten: Nein, weil Wasser nicht aufwärts fließen kann. Ob wir nun beim Wasser oder der Magie recht haben oder nicht: Unsere Argumentation ist Schrott.

•

Es erweist sich also als unnütz, die Frage Halluzination/Magie entscheiden zu wollen, indem wir uns auf die physikalischen Gesetze berufen. Und trotzdem wollen wir wissen: Ist

Abram wirklich geflogen? Für ein Nein plädierend stellen wir uns die Gesetze der Physik vor, in schwarzer Robe und weißer Perücke. Für ein Ja plädierend stellen wir uns die Erfahrung des Animismus vor, verkleidet als Elch auf Skiern. Als Richter müssen wir die Jury instruieren, sich zugunsten einer der beiden Behauptungen zu entscheiden. Aber wir müssen die Geschworenen warnen, nicht zirkulär zu argumentieren: Sie dürfen sich nicht auf die Gesetze der Physik berufen, um zugunsten der Gesetze der Physik zu entscheiden; genauso wenig dürfen sie sich auf die Erfahrung des Animismus berufen, um zugunsten der Erfahrung des Animismus zu entscheiden. Wollen wir in diesem Fall gerecht urteilen, müssen wir eine Reihe von Kriterien entwickeln, die sowohl über die physikalischen Gesetze als auch über die Glaubensüberzeugungen des Animismus hinausgehen.

Ein mögliches Kriterium, weder aus dem Bereich der Wissenschaft noch dem der Magie, ist Erfolg. Welche der beiden Seiten hat sich in ihrem Umgang mit der Welt als erfolgreicher erwiesen? Dieses Kriterium ist allerdings ein zweischneidiges Schwert. Wenn wir mit Erfolg meinen: Welches Weltbild vernichtet das andere?, dann hat es das westlich wissenschaftliche schon fast geschafft. Mit Waffen, Bakterien und Stahl wurden animistische Völker auf kleine Reste in wenigen, relativ isolierten Teilen der Welt reduziert.

Meinen wir mit Erfolg aber, so zu leben, dass das fortwährende Überleben unserer Gattung gewährleistet ist, behält der Animismus vielleicht doch die Oberhand. In dem Roman *Traumpfade* beschreibt Bruce Chatwin die Empfindungen, die eine Gruppe älterer Männer durchfahren, als sie auf eine Baustelle für eine Bahntrasse treffen:

> [Die Leute von der Eisenbahn] rodeten das Land an der geplanten Strecke. Ihre Bulldozer hatten eine Schneise durch das Mulgagestrüpp geschlagen, und ein etwa hundert Meter breiter Streifen umgegrabener Erde erstreckte sich jetzt bis in weite Ferne.
>
> Die alten Männer blickten unglücklich auf die Berge umgestürzter Bäume. [...]
>
> Wir hatten erwartet, daß die alten Männer wie üblich hungrig seien. Aber sie saßen alle dichtgedrängt beieinander, brüteten vor sich hin und weigerten sich, zu essen und zu sprechen: nach ihren Gesichtern zu urteilen, litten sie Schmerzen.[74]

Dieselbe Empfindung taucht auch am anderen Ende der Welt auf. Smohalla, ein Anführer der amerikanischen Ureinwohner im Pazifischen Nordwesten, war entsetzt über die Methoden der weißen Männer:

> Ihr verlangt von mir, dass ich den Boden pflüge! Soll ich ein Messer nehmen und die Brust meiner Mutter zerfleischen? Dann wird sie mich, wenn ich sterbe, nicht an ihren Busen nehmen, dass ich ausruhe.
>
> Ihr verlangt von mir, dass ich nach Steinen grabe! Soll ich unter meiner Mutter Haut nach ihren Knochen graben? Dann kann ich, wenn ich sterbe, nicht in ihren Leib zurückkehren, um wiedergeboren zu werden.

> Ihr verlangt von mir, dass ich das Gras schneide und Heu mache und es verkaufe, um reich zu werden wie weiße Männer! Aber wie kann ich es wagen, meiner Mutter Haare abzuschneiden?[75]

In Kapitel 5 seines Buches *Im Bann der sinnlichen Natur* berichtet David Abram detailliert von den intensiven Verbindungen zwischen indigenen Völkern und ihren jeweiligen Umgebungen. Zusammenfassend schreibt er:

> Es sollte nun leichtfallen, die Not oral-indigener Menschen, die aus ihrer traditionellen Heimat vertrieben wurden, zu verstehen. Ihr lokaler Erd-Teil ist für sie gleichbedeutend mit der Bedeutungsmatrix der gesprochenen Sprache; sie (aus welchen politischen oder wirtschaftlichen Gründen auch immer) aus ihrem angestammten Lebensraum zu reißen, bedeutet, sie ihrer Sprache zu berauben – oder vielmehr die Sprache ihrer Bedeutung zu berauben – und ihnen den kohärenzstiftenden Boden unter ihren Füßen wegzuziehen. Es bedeutet nichts weniger, als sie aus ihrem heimatlichen Bewusstsein zu vertreiben.[76]

Würden kapitalistische Industriegesellschaften, wenn sie des Profits halber Landschaften aufreißen, den in diesen Absätzen beschriebenen Schmerz spüren, steht zu bezweifeln, ob wir den gegenwärtigen katastrophalen Klimawandel und Verlust an Artenvielfalt erleben würden. Zugleich müssten wir natürlich zahlreiche Annehmlichkeiten und Vorteile entbehren, die viele von uns genießen. Richten wir den Blick nicht auf persönliche Vorteile und Bequemlichkeiten, sondern auf das

Überleben unserer Gattung, wären wir vielleicht besser dran, wenn wir beim Animismus geblieben wären und den »kohärenzstiftenden Boden«, der uns mit unserem »angestammten Lebensraum« verband, behalten hätten.

•

Ein weiteres Kriterium, das über die Gefilde der physikalischen Gesetze und die Glaubensüberzeugungen des Animismus hinausgeht, ist Glück. 1753 machte ein leicht verstörter Benjamin Franklin in einem Brief an den englischen Botaniker Peter Collinson folgende erstaunliche Mitteilung:

> Wenn ein Indianerkind bei uns großgezogen wurde, ihm unsere Sprache und unsere Gepflogenheiten beigebracht wurden, es aber seine Verwandten besucht und sich mit ihnen auf einen indianischen Streifzug begibt, lässt es sich danach unmöglich überzeugen, zu uns zurückzukehren, und dass dies ihnen nicht nur als Indianern, sondern auch als Menschen natürlich ist, wird offenkundig, wenn Weiße beiderlei Geschlechts jung von den Indianern gefangengenommen wurden und eine Zeit bei ihnen lebten, obgleich von ihren Freunden ausgelöst und mit aller erdenklichen Zärtlichkeit dazu bewegt, bei den Engländern zu bleiben, ihnen innerhalb kürzester Zeit unser Lebenswandel zuwider wird als auch der notwendige Aufwand und die Mühen, diesen zu unterhalten, und sie die erstbeste Gelegenheit ergreifen, um wieder in die Wälder zu fliehen, von wo sie unmöglich zurückzugewinnen sind.[77]

Dies war keine Einzelbeobachtung Franklins. 1782 schrieb der französisch-amerikanische Farmer und Schriftsteller Hector de Crevecoeur, dass

> [gefangen genommene Europäer], die älter gewesen waren, sich ihrer [Eltern] zwar wieder erinnerten, aber sich schlechterdings weigerten, mit ihnen zurückzukehren, ja wohl gar ihre [indianischen] Pflegeväter baten, sie gegen die Liebkosungen ihrer natürlichen Eltern in Schutz zu nehmen. So unglaublich dieses scheine, so habe ich doch von sehr zuverlässigen Zeugen tausend dergleichen Beispiele anführen hören. So lebte in dem Dorfe ____ wohin meine Reise gehen soll, vor ohngefähr fünfzehn Jahren, ein Engländer und ein Schwede [...]. Sie waren bereits in das männliche Alter getreten, als sie gefangen genommen wurden; und hatten das Glück, der gewöhnlichen Behandlung der Kriegsgefangenen zu entgehen, mussten aber die Squaws heyrathen, die ihnen durch Annehmung an Mannsstatt das Leben gerettet hatten. Durch die Macht der Gewohnheit wurde endlich diese wilde Lebensart halb natürlich. Ich befand mich in dieser Gegend, als ihre Freunde ihnen eine beträchtliche Summe gaben, um sich damit loszukaufen. Die Indianer, ihre alten Gebieter, ließen ihnen vollkommen freie Wahl [...]. Beyde entschlossen sich zu bleiben; die Ursachen, die sie gegen mich anführten, werden Sie nicht wenig befremden; die vollkommenste Freyheit, die Gemächlichkeit des Unterhalts, die Abwesenheit aller der Sorgen und Bekümmernisse, die uns so oft peini-

> gen. […] Tausend Europäer sind Indianer geworden, aber wir haben kein Beyspiel, dass einer von den eingebohrnen Indianern aus freyer Wahl, ein Europäer geworden wäre.[78]

•

Ein letztes Kriterium, außerhalb der Bezugssysteme von Wissenschaft und Magie verortet, veranschaulicht der Fall von Rane Willerslev: das eigene Überleben in der Wildnis. Die Art und Weise, wie sich Animisten ganz und gar auf wilde Lebensweisen einstellen, besonders auf das Leben von Pflanzen und Tieren, aber auch auf die Launen von Flüssen, Bergen und des Wetters, lässt sie in Situationen überleben, in denen die meisten von uns sehr schnell sterben würden. Um in wohlhabenderen Gegenden unserer hochentwickelten Städte zu überleben, muss man sich kaum auf überhaupt irgendetwas einstellen, und so findet ein solches Sich-Einstellen, eine solche »gesteigerte Empfänglichkeit«, wie Abram es nennt, kaum Beachtung. Doch für Menschen in der Wildnis ist sie essenziell.

•

Das letzte Wort ist noch nicht gesprochen. Die Geschworenen wägen ab, ob Abram oder Willerslev oder der Alte Spiridon oder Millionen Angehörige anderer indigener Völker in ihrem Umgang mit der mehr-als-menschlichen Welt Magie erfahren (wie Abram behauptet) oder Halluzinationen (wie es eine typisch »wissenschaftliche« Sichtweise behaupten würde). Damit die Geschworenen nicht zirkulär argumentieren, hat der Richter sie instruiert, beide Behauptungen anhand von Kriterien zu beurteilen, die *außerhalb* von Wissenschaft und Animismus verortet sind.

Mindestens drei Kriterien – Nachhaltigkeit, Glück, Überleben in der Wildnis – lassen es plausibel erscheinen, dass der Animismus den Fall gewinnen könnte. Viele andere Kriterien wiederum sprechen für die Wissenschaft. Wissenschaftlich ermöglichte Wunder haben entschieden zu einer immens gestiegenen Lebenserwartung beigetragen, zu Möglichkeiten des Reisens, der Nahrungsmittelproduktion, Informationsverarbeitung und Wohlstandsmehrung, mit allen dazugehörigen Vorteilen. Statt für die eine oder die andere Wahrheit zu sprechen, legt diese bunte Mischung nahe, dass die Geschworenen zu keinem eindeutigen Ergebnis gelangen werden. Gewinner ist am Ende vielleicht Wallace Stevens mit seiner Behauptung, dass es viele Wahrheiten gebe, sie aber nicht die Teile einer Wahrheit seien.

•

1905 erklärte ein Physiker namens Albert Einstein etwas Bemerkenswertes über die Türen am Ende von Zugwaggons. Er sagte, wenn eine Person im Speisewagen eines fahrenden Zuges säße und mit perfekter Genauigkeit die Türen an beiden Enden des Wagens beobachtete und sähe, wie sie sich zur exakt selben Zeit öffneten, würde eine Person, die draußen auf dem Boden säße, vielleicht bei einem Picknick, und den Zug vorbeifahren sähe, genau dieselben Ereignisse sehen – das Sich-Öffnen der beiden Türen – und glauben, eine Tür habe sich *vor* der anderen geöffnet. Und das nicht nur *glauben*: Diese picknickende Person könnte den Zeitablauf der Türen mit unendlich genauen Mitteln messen, und die Messergebnisse würden tatsächlich belegen, dass eine der beiden Türen (die hintere) sich vor der anderen geöffnet habe. Einsteins bemerkenswerte Behauptung beinhaltete noch mehr: Er sagte, sowohl die Person im Speisewagen als auch die Person auf der Picknickdecke hätten recht.

Die picknickende Person habe das Türenöffnen mit perfekter Genauigkeit gemessen und könne somit beweisen, dass sich die Türen nacheinander geöffnet hätten. Die Person im Speisewagen habe das Türenöffnen mit perfekter Genauigkeit gemessen und könne somit beweisen, dass sich die Türen gleichzeitig geöffnet hätten. Diese beiden Realitäten wirken unvereinbar – und sie sind es auch. Und doch ist jede im eigenen Bezugssystem wahr. Ein Bezugssystem ist der fahrende Zug. Das andere Bezugssystem ist der feste Boden. Beide haben ihre eigene Wahrheit, und logischerweise sind diese Wahrheiten unvereinbar.

Einsteins Theorie zu den Zügen (und einigem mehr) ist als Spezielle Relativitätstheorie bekannt. Trotz ihres Namens behauptet die Theorie bestimmt nicht, alles sei relativ. Vielmehr habe jedes Bezugssystem seine ganz eigene, höchst spezifische Wahrheit über den Zeitablauf des Türenöffnens. Die Person im Speisewagen kann mit ihrer perfekt genauen Messung nur zu *einem* korrekten Ergebnis gelangen. Alle anderen Ergebnisse wären falsch. Und genauso kann die Person auf der Picknickdecke mit *ihrer* perfekt genauen Messung nur *ein* korrektes Ergebnis erzielen. Die Spezielle Relativitätstheorie steht schwerlich für einen Relativismus, laut dem alles wahr sein kann, solange man bloß dran glaubt.

Die Spezielle Relativitätstheorie hat also einiges mit der Zeile aus Wallace Stevens' Gedicht zu tun und damit, wie wir die Aussagen von Abram, dem Alten Spiridon und Willerslev betrachten könnten. Für die Spezielle Relativitätstheorie gibt es viele Wahrheiten über die Zeit, die zwischen dem Türenöffnen vergeht, eine für jedes Bezugssystem. Diese Wahrheiten sind miteinander nicht vereinbar, und doch ist jede von ihnen wahr.

Bilden die wissenschaftliche und die animistische Weltsicht unsere Bezugssysteme zur Betrachtung von Abrams Rabenflug, dient uns die Spezielle Relativitätstheorie als Präzedenzfall für zwei nicht miteinander vereinbare Wahrheiten. Die Türen öffneten sich zur selben Zeit; die Türen öffneten sich zu unterschiedlichen Zeiten. Abram flog wirklich als Rabe; Abram halluzinierte, als Rabe zu fliegen. Zugleich sagen wir nicht, dass alles wahr sei, was irgendjemand sagt, oder dass Klimaskeptiker eine Freikarte besäßen, wissenschaftliche Erkenntnisse über den Klimawandel als Schwindel abzutun.

Wir sollten nicht vergessen, dass der Schamane, bei dem Abram lernte, ihn zu dem Raben führte und zu seinem Flug aufforderte; somit erfuhr nicht nur Abram, sondern auch der Schamane den Flug als Ereignis. Im animistischen Bezugssystem befanden sich zwei Beobachter, und wie zu erwarten, beobachteten sie beide dasselbe – wie bei den Zugtüren eine zweite Person im Speisewagen oder auf der Picknickdecke dasselbe wie ihr Begleiter beobachtet hätte.

Rufen wir uns Abrams Worte vom Anfang dieses Kapitels in Erinnerung:

> Nur indem sie die allgemein akzeptierte Wahrnehmungslogik ihrer Kultur vorübergehend ablegt, kann die Zauberin hoffen, mit anderen Arten in deren je eigener Bedingtheit in Beziehung treten zu können.

> Nur indem sie über den Alltagsgebrauch ihrer Sinne hinausgeht, kann sie sich mit den vielfältigen nichtmenschlichen Empfindungsformen, die ihre heimatliche Landschaft beleben, verbinden. Genau das definiert den Schamanen: die Fähigkeit, jederzeit aus den Grenzen der Wahrnehmung hinauszuschlüpfen, mit denen sich seine spezifische Kultur umgibt – wobei die gesellschaftlichen Gepflogenheiten, Tabus und insbesondere der allgemeine Sprachgebrauch die Demarkationslinie darstellt –, um den anderen Kräften des Landes zu begegnen und von ihnen zu lernen.

Eine bessere Beschreibung, wie sich das Bezugssystem wechseln lässt, dürfte es kaum geben.

Wenn Wallace Stevens und Einstein recht haben und innerhalb unterschiedlicher Bezugssysteme (oder in der Terminologie des Kapitels »Der Heilige David« beim Blick durch unterschiedliche Brillen) unvereinbare Wahrheiten gelten können, dann muss der Widerspruch zwischen animistischer und wissenschaftlicher Wahrheit keine von beiden entwerten.

Aber kann denn nicht die Wissenschaft sämtliche Phänomene unter ihre Fittiche nehmen, sodass der Animismus ihr nicht widerspricht, sondern vielmehr mit ihrer Hilfe erklärt werden kann? Im Kapitel »Rauszoomen und Reinzoomen« ziehen wir diese Möglichkeit in Betracht.

KAPITEL 5

Rauszoomen und Reinzoomen

Worin wir die (Un-)Vereinbarkeit von Physik und Animismus betrachten und Elfen Pilze in Drähten umherschieben.

1

Vielleicht stimmt das Fazit des vorigen Kapitels nicht. Vielleicht kommt der Tag, an dem die Sichtweise der Physik (Abram halluzinierte, Spiridon halluzinierte) und die Sichtweise des Animismus (Abram flog, Spiridon traf eine schöne Frau) nicht mehr unvereinbar sein müssen.

Schließlich behauptet die Physik auch so schon allerlei Widersprüchliches. Sie behauptet, ein Elektron sei ein Partikel und verhalte sich wie eine winzige Patrone. Sie behauptet auch, ein Elektron sei eine Welle und verhalte sich wie Hundegebell. Aber Patronen und Gebell verhalten sich auf unvereinbare Arten. Patronen befinden sich immer gerade an einem bestimmten Ort; Belllaute aber bewegen sich von den Stimmbändern eines Hundes weg und decken dabei einen immer größeren Radius ab.

Der Physik zufolge bestehen die Dinge, die wir sehen, aus kleineren Dingen namens Atome. Aber sie sagt auch, Atome seien keine Dinge.

Die Physik sagt, die Türen des Speisewagens hätten sich gleichzeitig geöffnet. Und die hintere Tür zuerst.

Warum sollte die Physik nicht eines Tages sagen, Abram habe halluziniert – und sei geflogen?

•

Das Problem bei diesem Gedankengang liegt darin, dass die Physik streng genommen nichts von alledem behauptet. Die Physik selbst stellt keine Behauptungen auf, was *real* sei. Die Physik stellt Behauptungen über Messungen auf – darüber, was Menschen messen, mit ihren Augen oder Ohren oder spezialisierten Instrumenten, unter bestimmten Gegebenheiten.

Das entspricht nicht dem, was die meisten von uns gelernt haben. Wir haben gelernt, die Physik sage, Tische bestünden aus Atomen, der Mond kreise um die Erde und elektrischer Strom sei ein Fluss von Elektronen durch Drähte – neben vielen, vielen anderen Behauptungen, bei denen es wohl klar darum geht, was real ist.

Aber was bedeutet »real« denn? Philosophen haben Buch um Buch über Realität geschrieben, mit herzlich wenig Einvernehmen zu der Frage. So behaupten beim Thema Physik einige Philosophen, wissenschaftliche Realisten genannt, Atome seien real. Dann gibt es die Antirealisten, die behaupten, nichts, was wir nicht selbst sehen könnten, sei real. Atome, so die Antirealisten, mögen die Schlüsselfunktion eines praktischen Modells zum Nachdenken über die Welt bilden, ein Modell, das nützlich sei, um sich Gleichungen einfallen zu lassen und aus diesen intuitiv einen Sinn zu erschließen, Gleichungen, die funktionierten, um tatsächliche Messungen in Relation zu setzen – aber was sagt uns denn, Atome seien *mehr* als das?

Die Physik hat beschlossen, sich aus diesem Spiel herauszuhalten, dem Spiel der Diskussionen darüber, was real ist. Über Realismus oder Antirealismus hat die Physik nichts zu sagen – diese Begriffe gehören zur Philosophie. Und dass sich die Physik aus dem Realitätsspiel herausgehalten hat, ist der Grund, warum sie sich als so erfolgreich erwiesen hat.

Das Spiel, für das sich die Physik stattdessen entschieden hat, geht so: *Messungen in Zusammenhang setzen.* Die Physik tut das, indem sie sich mathematische Gleichungen einfallen lässt. Solange die Gleichung aufgeht – solange die Messungen, die in die Gleichung eingespeist werden, korrekt die Messungen wiedergeben, die auf der anderen Seite des Gleichzeichens dargestellt sind –, ist die Physik glücklich. Und stellt sich eine Berechnung als falsch heraus – ist die Physik auch glücklich. Sie muss sich dann einfach eine neue Gleichung suchen, mit der sie zufrieden sein wird, solange die Messungen, die auf der einen Seite eingespeist werden, in korrekter Relation zu den auf der anderen Seite vorhergesagten Messungen stehen.

Diese überaus agnostische Haltung gibt nicht unbedingt wieder, wie Physiker arbeiten oder was die meisten Physiker eigentlich denken.[R] Physiker sind Menschen und denken in Begriffen von »Realitäten«. Um ihre Gleichungen zu entwickeln, müssen sie sich oft vorstellen, wie etwas »Reales« passiert: reale Elektronen, die sich durch reale Drähte bewegen, ein realer sphärischer Mond, der eine reale sphärische Erde umkreist, eine reale Tür, die sich am Ende eines realen Zuges

R Auch historisch betrachtet wirft die Physik nach einem fragwürdigen Einzelergebnis nicht all ihre Gleichungen über Bord. In der Regel braucht es eine ganze Menge Messungen, bis Physiker aufhören, den Fehler in der Messung oder im Experiment zu suchen, und prüfen, ob das Problem bei der Gleichung liegen könnte – gerade, wenn es diese schon lange gibt.

öffnet, reale Atome, die reale Tische bilden, reale Elektronen, die sich wie reale Patronen oder reales Gebell verhalten. Aber ob diese »Realitäten« praktische Fiktionen sind oder reale Dinge und was »real« überhaupt bedeutet, ist keine Frage für die Physik, sondern eine für die Philosophie.

•

Der Physikbegriff, den ich hier vorstelle, wird häufig als Instrumentalismus bezeichnet. Der Name rührt daher, dass dieser Ansatz *physikalische Modelle* – wie etwa das Bild eines die Erde umkreisenden Mondes oder eines Tisches aus lauter Atomen – als nützliche Werkzeuge (Instrumente) begreift, um *mathematische Modelle* (Gleichungen) zu entwickeln, die Messungen berechnen und in Relation setzen.

Zu physikalischen Modellen gehören Bilder wie das eines Tisches aus zig Millionen zusammenhängender Atome oder das von Elektrizität als einer Masse winziger Elektronen, die sich durch Drähte bewegen. So können wir uns bildlich vorstellen, was in mathematischen Modellen – Gleichungen ohne irgendwelche Bilder – geschehen mag.

Das Ohmsche Gesetz, bei dem es um elektrischen Strom geht, illustriert den Unterschied zwischen den beiden Modellen anschaulich. Das Ohmsche Gesetz ist ein mathematisches Modell – eine Gleichung – und besagt einfach $U/R = I$. Es besagt, dass der Messwert auf einem Spannungsmesser (U) geteilt durch den Messwert auf einem Ohmmeter (R) dem Messwert auf einem Strommessgerät entspricht (I). Es tut nichts anderes, als diese drei Messwerte in Relation zu setzen, die ein Wissenschaftler von den Anzeigen dreier recht einfacher Instrumente ablesen kann.

Daneben verschafft uns das physikalische Modell hinter dem Ohmschen Gesetz ein Bild davon, was hinter dem mathematischen Modell stecken mag. Es animiert uns, uns eine Menge Elektronen in zwei Drähten vorzustellen, angeschlossen an beispielsweise eine Glühbirne mit einem ungemein feinen Glühfaden. Das physikalische Modell lässt uns den *Schub* (U) spüren, den die unterschiedlichen elektrischen »Drucke« in den Drähten zu beiden Seiten des Glühfadens erzeugen – ein Schub, als würde man das Ventil an einem Fahrradreifen öffnen. Im Fahrradreifen entsteht der Schub im Ventil aufgrund des Unterschieds zwischen dem hohen Luftdruck innerhalb des Reifens und dem niedrigeren Luftdruck außerhalb des Reifens – wird das Ventil geöffnet, schiebt dieser Druckunterschied die Luft hinaus. Die Elektronen im Draht werden gleichermaßen durch die unterschiedlichen elektrischen Drucke in den beiden Drähten durch den Glühfaden geschoben.

Weiter können wir uns dank des physikalischen Modells den *Widerstand* (R) vorstellen, den der ungemein dünne Glühfaden den strömenden Elektronen entgegensetzt. Das Ventil am Fahrradreifen hat eine winzige Öffnung, durch die die Luft nur schwierig dringt, und nicht alle Luft tritt gleichzeitig aus. In vergleichbarer Weise werden die geschobenen Elektronen in ihrer Bewegung behindert und können wegen der Dünne des Glühfadens nur nach und nach die Glühbirne durchlaufen.

Zuletzt können wir uns dank des physikalischen Modells den *Fluss* der Elektronen (I) vorstellen, der entsteht, wenn ein Schub der Stärke U die Elektronen durch den sturen Glühfaden des Widerstands R zwängt. Hier können wir uns vorstellen, wie die Luft beim Ventilöffnen aus dem Reifen zischt.

Das physikalische Modell verschafft uns also ein Bild davon, was wohl geschieht, wenn wir U durch R teilen und I erhalten. Und trotzdem, damit die Physik funktioniert, ist das physikalische Modell – das Bild davon, was in den Drähten und im Glühfaden geschieht – völlig überflüssig. Allein das mathematische Modell ist notwendig. Es verbindet die Zahlen auf den Anzeigen der drei Instrumente, Zahlen, die von Menschen abgelesen werden. Das mathematische Modell würde genauso gut funktionieren, wenn Sie sich kleine Elfen vorstellen, die in den Drähten Pilze umherschieben. Dem mathematischen Modell ist egal, was Sie sich vorstellen, was dort drinnen passiert – die Messungen der Instrumente setzt es so oder so in Beziehung.

Physiker hätten das Ohmsche Gesetz wohl gar nicht entwickelt, wenn ihnen nicht das Bild von Ladungen gekommen wäre, die sich durch Drähte bewegen, ein Bild, von dem sie sich fortan leiten ließen. Und vorausgesetzt, Atome existieren und bestehen aus Protonen, Neutronen und Elektronen, und Protonen und Neutronen wiederum aus Quarks, von denen es sechs »Flavours« gibt, wie *seltsam* (Strange-Quark) oder *bezaubert* (Charm-Quark) – ohne dieses weitaus kompliziertere konzeptionelle Vokabular hätten theoretische Physiker wohl auch keine Gleichungen entwickelt, die die Messungen des CERN in Beziehung setzen. Aber da wir nie irgendeines dieser winzig kleinen Dinge – oder *Nichtdinge*, Heisenberg zufolge – direkt erfahren, sondern nur Messungen erfahren, sieht sich der Instrumentalist zu keiner Stellungnahme genötigt, ob Atome oder Elektronen oder Charm-Quarks nun tatsächlich *existieren.*

Die wissenschaftliche Realistin hingegen findet den Instrumentalismus ein bisschen irre. In Ordnung, sagt sie, vielleicht existieren Atome nicht, vielleicht sitzen da drinnen Elfen und spielen mit Pilzen – aber wäre für den Umstand, dass ein Modell auf Grundlage von Atomen und Quarks Messungen korrekt prognostiziert und andere Modelle das nicht tun, nicht die weitaus wahrscheinlichste Erklärung, dass das Modell auf Grundlage von Atomen und Quarks etwas Reales behandelt? Wäre das nicht Millionen Mal wahrscheinlicher, als dass uns das Universum raffiniert dazu gebracht hat, an Atome zu glauben, indem es sich *genau so verhält, als würde es aus Atomen bestehen*, nur um dann aus etwas völlig anderem zu bestehen?

Auf den ersten Blick wirkt dieses Argument überzeugend. Leider wirkte es auch bei jedem physikalischen Modell überzeugend, das später widerlegt wurde. Es hat den Anschein, als wäre die Sonne eine heiße helle Scheibe, die durch den blauen Himmel zieht, abends im Westen untergeht und am Morgen im Osten wieder auf. Würde uns das Universum wirklich dahingehend austricksen, dass es sich bei der Sonne stattdessen um einen nuklearen Glutofen im Vakuum eines leeren Raumes handelt, Hunderte Millionen Kilometer von diesem blauen Himmel entfernt? Realisten sind unweigerlich an die Behauptung gebunden, ihre Theorien seien *richtig* – nur so kann, was sie als real *beanspruchen*, auch tatsächlich real *sein*.

Selbst wenn man die desaströse Erfolgsbilanz realistischer Behauptungen einmal außen vor lässt, ist unstrittig, dass die Behauptung der Realisten viel weitreichender ist als die der Instrumentalisten. Realisten und Instrumentalisten sind sich einig, dass physikalische Modelle uns geholfen haben, mathematische Modelle (Gleichungen) zu entwickeln, die Messungen auf eine Art und Weise in Beziehung setzen, die (bis jetzt) zu dem passt, was wir messen. So weit, so gut. Der Realist geht jedoch weiter und stellt die viel umfassendere Behauptung auf, physikalische Modelle würden uns nicht nur helfen, mathematische Modelle zu entwickeln – physikalische Modelle, so der Realist, *gäben auch die Realität wieder*. Auf den Instrumentalismus zu setzen, ist also offensichtlich die weitaus sicherere Option. Wenn Sie Ihr Leben darauf verwetten müssten, dass heute entweder Real Madrid gewinnt oder sowohl Real Madrid als auch Juventus gewinnen, ist die erste Option klar die sicherere. Aus demselben Grund versteht es sich von selbst, dass Sie, müssten Sie Geld aufs Spiel setzen, auf den Instrumentalismus wetten sollten.

Bewerten wir die Behauptungen des wissenschaftlichen Realismus, stellt sich jedoch eine noch dringlichere Frage: diejenige nach der Stimmigkeit. Dieser Punkt führt uns direkt zurück zum »Guten Bischof«, zu Berkeleys Behauptung, die Vorstellung von Materie oder deren unabhängiger Existenz sei unstimmig. Laut der realistischen Interpretation existieren Atome und Quarks *tatsächlich* als Bestandteile von Materie, unabhängig von aller Erfahrung. Ist aber das Konzept von Materie unstimmig, muss die realistische Behauptung es auch sein.

Auf dieser Ebene ist sogar egal, ob wir über unsichtbare (behauptete) Gebilde sprechen, wie Atome und Quarks, oder über sichtbare wie den Mond. Ich kann den Mond sehen, das schon; falls ich einer von wenigen Auserwählten bin, habe ich ihn sogar betreten; das sind *Erfahrungen*, und sie ergeben einen Sinn für mich. Aber was bedeutet es denn zu sagen, der Mond *existiert wirklich*, jenseits aller (realen oder imaginierten) Erfahrung des Mondes? Wenn alles Leben, alles Bewusstsein ausgelöscht wäre? Dann befindet sich der

Mond in derselben Lage wie der Sessel in meinem Arbeitszimmer im Kapitel »Der Gute Bischof«: Er hat keine Eigenschaften. Anders gesagt stecken wir mittendrin in Berkeleys Argument – und was auch immer Sie von diesem Argument halten, die Physik kann es nicht entscheiden. Aus dem Gebiet der Wissenschaft haben wir uns nun deutlich herausbewegt und hinein in das der Philosophie. Die realistische Auslegung der Physik führt uns also in einen Sumpf, in dem wir ziemlich matschige Stiefel bekommen, ohne je trockenen Boden auf der anderen Seite zu erreichen. Tatsächlich gibt es nicht mal trockenen Boden. Es gibt nicht mal eine andere Seite.

So seltsam es klingen mag: Wollen wir die Stimmigkeit der Physik bewahren, müssen wir sie vor der Realität schützen.

•

Selbst bei einer so grundlegenden Angelegenheit wie dem Radius des Mondes spricht die präzise Physik lieber von einem »Messwert« als von einer »Realität«. Die Prognose der Physik lautet: »Misst man den Radius des Mondes, erfährt man ein Ergebnis von 1737 Kilometern« (eine Aussage über Erfahrung), und nicht, dass der Mond ein Brocken Materie mit einem Radius von 1737 Kilometern sei (eine Aussage über Existenz). Die Physik benennt genau, wie Sie die Messung vornehmen sollen, und berechnet, welches Ergebnis Sie dabei erhalten werden. Somit prognostiziert sie nicht etwas über ein von allen Menschen unabhängiges Gebilde namens Mond, sondern etwas über alle Menschen: ein Ergebnis, das diese erhalten, wenn sie ein bestimmtes Objekt ihrer Erfahrung auf eine bestimmte Weise messen.

Wenn wir über den Radius des Mondes sprechen, sagen wir natürlich: »Der Mond *hat* einen Radius von 1737 Kilometern«, und nicht jedes Mal: »Misst man den Radius des Mondes, erfährt man ein Ergebnis von 1737 Kilometern.« Und wenn wir überlegen, ob heute Nacht Vollmond ist, machen wir natürlich nicht einen auf Berkeley und verkünden, die eigentliche Frage laute: »Wird heute Nacht jemand einen Vollmond *wahrnehmen*?« Drückten wir uns ständig so verschwurbelt aus, würden wir verrückt werden, und damit wir uns wieder den praktischen Fragen des Lebens widmen können, nehmen wir sprachliche Abkürzungen. Und doch kann nur die überaus präzise Physik – die sich der wahren Natur dieser sprachlichen Abkürzungen bewusst ist – den Verschachtelungen der Philosophie entfliehen. Und sie entflieht ihnen, indem sie im Grunde vor Berkeley kapituliert – indem sie sich selbst nicht gestattet, irgendetwas mit Realität zu schaffen zu haben, und stattdessen von »Messungen« spricht: Wobei eine Messung etwas ist, in der Regel eine Zahl, was ein Mensch *wahrnimmt*, entweder direkt oder indem er ein Instrument abliest. Der Rest ist Schweigen.

•

Die Physik ist das anschaulichste Beispiel, wie Messungen und mathematische Modelle Wissenschaft definieren, aber auch auf anderen Gebieten gilt dieses Prinzip. Wenn etwa medizinische Forscher fragen, ob Rauchen Krebs verursache, begnügen sie sich nicht mit anekdotischer Beweisführung. Es braucht mehr, als dass eine Vielzahl von Ärzten *bemerkt*, wie viele Raucher anscheinend kranke Lungen bekommen, damit am Ende eine Zigarettenpackung mit einer Warnung versehen wird. Solche Anekdoten werden erst dann zu Wissenschaft, wenn kontrollierte Studien Messungen über gerauchten Tabak mit Messungen über das Auftreten von Krebs mathematisch miteinander verbinden. Und selbst hier scheut wahre Wissenschaft davor zurück, philosophisch zu werden. Philosophen sind sich ungemein uneins, welche Bedeutung – wenn überhaupt eine – dem Wort »Ursache« zuteilwird; auf diesem Gebiet treffen Forscher auf wahre Abgründe. Ganz pragmatisch und elegant wird in der wissenschaftlichen Forschung Ursache präzise im Sinne einer Verbindung von Messungen definiert. Dasselbe gilt, wenn wir die Ursache für Krebs nicht in epidemiologischen Studien finden wollen, sondern in einem biochemischen Mechanismus. Es braucht mehr als ein paar Forscher, die ein bestimmtes Muster molekularen Verhaltens bemerken: Ahnungen werden zu Wissenschaft, wenn Messungen mathematisch in Zusammenhang gebracht werden. »Rauchen verursacht Krebs« ist eine prägnante und pragmatische Aussage, die den meisten von uns alles Nötige verrät; um aber wirklich zu ergründen, was sie bedeutet, um zur *Wissenschaftlichkeit* dieser Aussage zu gelangen, jenseits vager philosophischer Abschweifungen, ist ein Verständnis von Statistik und Messverfahren erforderlich und, wie in der Physik, operativer Definitionen, die komplett auf menschlicher Erfahrung basieren.

•

Da somit sämtliche Wissenschaft in ihrer überaus erfolgreichen, nichtphilosophischen Form aus mathematischen Modellen besteht, die Messungen verknüpfen, läuft die Frage, ob die Wissenschaft dem Menschen das für sein Begriffsvermögen vollständigste Bild des Universums liefern kann, auf eine andere Frage hinaus, nämlich, ob überhaupt alles Erfassbare gemessen und mathematisch abgebildet werden kann. In diesem Kapitel wollen wir gezielt wissen, ob eine schamanistische Erfahrung wie jene von Abrams Rabenflug je wissenschaftlich erfasst werden könnte.

Das mag wie eine Fangfrage klingen – deren erwartete Antwort lautet: »Nein, natürlich nicht.« Wie, könnte man denken, sollte so etwas denn gemessen werden? Wie könnte ein Traum gemessen werden oder eine Vision oder selbst etwas so Einfaches wie der Duft von Flieder?

Allerdings hat im Laufe der Jahrhunderte die Wissenschaft des Messens (Metrologie) erstaunliche Fortschritte gemacht, gerade in den letzten Jahrzehnten. So messen beispielsweise Psychologen oft Eigenschaften, die eigentlich nicht messbar wirken: von der wahrgenommenen Lautstärke eines Geräusches bis zur Schärfe von scharfem Essen[S], von Widerwärtigkeit bis zu Niedlichkeit, von Intelligenz und logischem Denkvermögen bis hin zu Glaubensstärke.

Wie der Statistiker David Hand schreibt, wurde

> eine gewaltige Menge Forschung betrieben, um präzise und verlässliche Messungen von Phänomenen wie Schmerz, Depression, Wohlbefinden, Lebensqualität und so weiter zu entwickeln, mit dem Ergebnis, dass heute einige sehr gute Maßstäbe zur Verfügung stehen.[79]

S Schärfe wird in Scoville-Einheiten gemessen. Die Chili-Sorte »Carolina Reaper« erreicht satte 2 200 000 Scoville.

Natürlich kann jeder *sagen*, er messe etwas – die Feuerprobe besteht darin, ob Messungen einen Sinn haben, was im Kern bedeutet, ob sich mit ihnen Modelle erstellen lassen, die miteinander und mit vergangener Erfahrung übereinstimmen oder zukünftige Messungen akkurat prognostizieren. Wie Hand schreibt, tut eine Vielzahl dieser Messungen genau das – und sie werden fortwährend aktualisiert, neu erfunden und verfeinert.

Menschen haben sich lange Zeit der Idee widersetzt, dass gewisse Aspekte ihrer Erfahrung gemessen werden könnten. Im Laufe der letzten Jahrhunderte, als Wissenschaftler versuchten, immer mehr Eigenschaften der physikalischen Welt wie auch der menschlichen Wahrnehmung in Zahlen auszudrücken, hat es immer Proteste dagegen gegeben, wie Zahlen auf Erfahrung übergreifen. Vor ein paar Jahrhunderten sprachen sich medizinische Forscher dagegen aus, etwas (für uns) so offensichtlich Messbares wie die Herzfrequenz zu messen. Sogar Adolphe Quetelet, dessen Buch *Versuch einer Physik der Gesellschaft* von 1835 entscheidend zur Entwicklung von Messungen sozialer Phänomene beitrug, machte sich lustig über die Idee, alles könne gemessen werden:

> Wie wird man jemals vernünftigerweise behaupten können, der Muth eines Menschen verhalte sich zu dem eines andern wie z. B. 5 zu 6, etwa wie man diess von ihrem Wuchse sagen könnte? Würde man es nicht für eine lächerliche Anmassung halten, wenn ein Mathematiker im Ernste behaupten wollte, er habe berechnet, dass das Genie des Homer sich zu dem des Virgil wie 3 zu 2 verhalte?[80]

Der Historiker Richard Shryock steht diesem Skeptizismus skeptisch gegenüber und will seiner Quelle auf den Grund gehen:

> Man erkennt das Gefühl, Messungen beraubten menschliche Phänomene irgendwie all ihrer Mysterien oder Schönheit und versagten Forschenden die Befriedigung uralter Sinneseindrücke und intuitiven Verstehens. Für gewöhnlich treten derlei Gefühle in jedem Fach auf, wenn dieses durch eine Quantifizierung gewissermaßen bedroht wird. In Bezug auf die gegenwärtige Psychologie bezeichnet Dr. Stevens das als »den nostalgischen Schmerz einer romantischen Sehnsucht, gewiss unergründlich zu sein«.[81]

Und bei einem Blick in die Zukunft sieht der Historiker Theodore Porter kein Ende, was sich alles beziffern lässt:

> Es ist wichtig hinzuzufügen, dass es keine feste Grenze dafür gibt, was quantifiziert werden kann, und dass eine ausreichend nuancierte oder tiefreichende Analyse einer großen Frage niemals logisch durch den Versuch ausgeschlossen wäre, Teile dieser Frage zu quantifizieren. […] Der Reiz der Quantifizierung liegt im Reiz von Unpersönlichkeit, Disziplin und Regeln. Aus derlei Materialien hat die Wissenschaft eine Welt erschaffen.[82]

Angesichts der riesigen Fortschritte der Messkunde wäre es natürlich etwas einfach gedacht, es gebe Teile des Universums, einschließlich der menschlichen Psyche, die prinzipiell nicht messbar seien und somit der Wissenschaft verwehrt, bloß weil es sich so *anfühlt*. Heute mögen sie nicht messbar sein, aber wer weiß, was die Zukunft bringt? Um zu beantworten, ob die Wissenschaft eines Tages Abrams Flug oder Spiridons Jagd mit ihren Mitteln fassen kann, müssen wir tiefer als bis zu einer Ahnung greifen, was messbar sei und was nicht. Hier, wie bei so vielem anderen, haben sich Ahnungen schon oft als falsch erwiesen – von der Frequenz eines Herzschlags bis zum Geschmack einer Chilischote. Nicht, ob die ein oder andere Eigenschaft einer Erfahrung sinnvoll messbar ist oder nicht, müssen wir untersuchen, sondern, was ein solcher Messvorgang unweigerlich an Ballast mit sich bringt – und ob dieser Ballast vielleicht am Ende doch eine »feste Grenze dafür« zieht, »was quantifiziert werden kann«.

2

Philosophen, die sich mit Messungen beschäftigen, unterscheiden zwischen *gegenständlicher* und *pragmatischer* Messung. Gegenständliche Messung misst reale Dinge da draußen in der Welt, wie die Länge eines Stabs oder die für eine Straßenüberquerung benötigte Zeit. Demgegenüber evaluiert die pragmatische Messung etwas, das wir selbst erschaffen haben, weil es nützliche Resultate erzeugt, das sich aber auf kein bestimmtes Merkmal der Welt außerhalb dieses Konstrukts bezieht. Die Definition der Eigenschaft, die es zu messen gilt, und die Spezifizierung, wie diese zu messen sei, laufen in der pragmatischen Messung auf ein und dasselbe hinaus.

Der Apgar-Score, mit dem sich bestimmen lässt, ob Neugeborene gesund sind oder medizinische Hilfe benötigen, ist ein klassisches Beispiel einer pragmatischen Messung. Der Apgar-Score kombiniert fünf Messungen (von Dingen, die da draußen tatsächlich existieren: Atmung, Puls, Grundtonus, Aussehen, Reflexe) und ermöglicht Entbindungsärztinnen und Hebammen schnelle Entscheidungen über nächste Schritte. Die Beurteilung wird eine, fünf und zehn Minuten nach der Geburt ermittelt, und jeder einzelne Messwert erzielt 0, 1 oder 2 Punkte, die einfach addiert werden. Bei einem Wert von unter 7 gilt ein Baby als gefährdet; bei unter 5 als akut lebensgefährdet. Der Apgar-Score ist ungemein nützlich, misst aber nichts, was da draußen in der Welt unabhängig existiert. Vielmehr ist er ein Maß seiner selbst.

Die Unterscheidung zwischen pragmatischen und gegenständlichen Messungen verschwindet, wenn wir daran denken, wie die Physik die von ihr gemessenen Eigenschaften definiert. So suggeriert etwa das physikalische Modell des Ohmschen Gesetzes, dass das, was wir messen, wenn wir U messen, etwas da draußen ist, was wir als den »Schub« bezeichnen würden, der durch einen elektrischen Druckunterschied entsteht – ein Schub wie jener, der die Luft aus dem Fahrradreifen drückt, wenn ich das Ventil öffne. Das würde nahelegen, dass ein Spannungsmesser gegenständliche Messungen vornimmt.

Aber hier stellt das mathematische Modell etwas recht Seltsames an. Um nicht von »Realität« oder »existierenden Dingen« sprechen zu müssen, sondern stets innerhalb des Rahmens der Erfahrung zu bleiben (schließlich handelt es sich hier um *empirische* oder *experimentelle* Wissenschaft, also »aus der Erfahrung gewonnenes Wissen«), definiert die präzise angewandte Physik U (also die elektrische Spannung) als etwas viel Banaleres als einen elektrischen Schub. Spannung ist laut Physik, »was auf einem Spannungsmesser gemessen wird«.[83] U ist ein Messwert; das heißt eine menschliche Erfahrung. Fertig. Vergessen Sie den »Druck«.

Das mag verdächtig nach einer zirkulären Definition klingen, ist aber eigentlich sehr schlau. Die nächste logische Frage lautet natürlich: Was ist ein Spannungsmesser? Auch diese Frage beantwortet die präzise Physik sehr schlau: Indem sie *beschreibt, wie man einen Spannungsmesser baut.* Das verweist abermals auf eine Erfahrung. Die empirische Wissenschaft bleibt empirisch.

Gleichermaßen definiert die präzise Physik Temperatur als das, was auf einem Thermometer gemessen wird (»Und so bauen Sie ein Thermometer …«), Länge als das, was mit einem Zollstock gemessen wird, Zeit als das, was mit einer Uhr gemessen wird, und so weiter. Solche Definitionen werden als »operativ« bezeichnet und erlauben der Physik, Existenz und Realität zu umschiffen und sich stattdessen auf die menschliche Erfahrung des Messens zu konzentrieren. Der Albtraum der Physik wäre, mit Proust oder Bergson oder Heidegger über Zeit diskutieren zu müssen; die Physik mag es sauber, eindeutig und erfahrungsbezogen. *Zeit ist, was mit einer Uhr gemessen wird.*

Und somit ist selbst die gegenständliche Messung, die ja quantifizieren soll, was wirklich da draußen ist – Dinge wie Distanz oder Zeit oder Temperatur – in einer präzisen Physik eigentlich pragmatisch: *Die Definition der Eigenschaft, die es zu messen gilt, und die Spezifizierung, wie diese zu messen sei, laufen auf ein und dasselbe hinaus.* Und so vermeidet die Physik, davon sprechen zu müssen, was denn wirklich da draußen ist. Von solchen Diskussionen lässt sie nur zu gerne die Finger; sollen doch die Philosophen darüber streiten.

•

Was alle Messungen gemeinsam haben – unabhängig davon, wie wir sie nun kategorisieren wollen –, ist eine *Standardeinheit*, in der die Messung genommen wird, und eine Zahl, die *zählt*, wie viele dieser Einheiten gemessen werden.

Dass Zählen und Standardeinheiten voneinander untrennbar sind, wird anschaulich durch einfache Algebra illustriert. In der Mittelstufe werden Sie gelernt haben, dass Sie, obwohl 2x + 3x = 5x gilt, nicht 2x + 3y addieren können. Sie können nur Dinge addieren, die gleich sind. Um also 2x + 3y zu addieren und dabei 5 irgendwas zu erhalten, müssen Sie aus der Bestimmtheit der Buchstaben »x« und »y« herauszoomen und sie in dieselbe Standardeinheit verwandeln: »Buchstaben«. Dann können Sie sagen: 2 Buchstaben + 3 Buchstaben = 5 Buchstaben, und alles ist in Ordnung. Wenn Sie 2 Birnen und 3 Äpfel addieren wollen, müssen Sie aus der spezifischen Obstsorte, die Sie gerade zählen, herauszoomen und sie einfach als Obststücke bezeichnen: 2 Stück Obst + 3 Stück Obst = 5 Stück Obst. Wollen Sie 2 Birnen + 3 Tische addieren, müssen Sie zu einer noch breiter gefassten Standardeinheit herauszoomen, der von Objekten. 2 Birnen + 3 Tische ergibt gar nichts außer 2 Birnen und 3 Tischen, aber bezeichnen Sie Birnen und Tische beide als Objekte, erhalten Sie: 2 Objekte + 3 Objekte = 5 Objekte, und alles ist in Ordnung.

Das Verfahren funktioniert auch in die andere Richtung. Wenn Sie 1 Apfel + 1 Apfel addieren, haben Sie bereits *implizit* getan, was ich im vorigen Absatz *explizit* getan habe: Aus den Unterschieden zwischen den beiden Äpfeln haben Sie herausgezoomt und beide als Äpfel kategorisiert – eine

Standardeinheit. Tatsächlich aber sind die Äpfel, wie x und y, überhaupt nicht identisch. Der eine hat einen längeren Stiel, ein dunkleres Rot, ist saftiger und wiegt weniger als der andere. Nur indem Sie aus der Individualität der beiden Äpfel herausgezoomt und beide als Äpfel bezeichnet haben, konnten Sie sagen: 1 Apfel + 1 Apfel = 2 Äpfel.

Auf jeder Ebene ignoriert Zählen also die mannigfaltigen Unterschiede zwischen den zu zählenden Dingen, um sie beide als dasselbe Ding zu klassifizieren. Nur indem wir die nicht standardmäßigen Objekte unserer Erfahrung standardisieren, können wir sie überhaupt zählen. Indem wir uns auf eine (von uns) ausgewählte Reihe von Ähnlichkeiten zweier Objekte konzentrieren und ihre mannigfaltigen Unterschiede ignorieren, nehmen wir diese grundlegendste aller Messungen vor – und messen beispielsweise, wie viele Äpfel in unserem Korb liegen.[T]

Aber wir messen nicht bloß die Anzahl der Äpfel in unserem Korb – wir können auch etwas *an* diesen Äpfeln messen. Etwa, wie groß ein Apfel ist. Und um das zu tun, benutzen wir eine Standardeinheit, die nicht aus der Welt da draußen stammt, sondern die wir selbst erfunden haben – den Zentimeter zum Beispiel. Aus dem Zentimeter müssen wir nicht herauszoomen, weil wir bereits festgelegt haben, dass jeder Zentimeter ganz genauso ist wie jeder andere.

T Nur durch ein solches Herauszoomen können wir überhaupt Sprache gebrauchen. Solange wir uns nicht einig wären, die Unterschiede zwischen einzelnen Objekten zu ignorieren, könnten wir sie nicht mit demselben Wort benennen, wie etwa »Äpfel«. Sprache, so ungemein nützlich sie auch sein mag, ist ein großer Gleichmacher. Nietzsche hebt das auch im Hinblick auf die Logik hervor, wenn er schreibt: »Der überwiegende Hang aber, das Ähnliche als gleich zu behandeln, ein unlogischer Hang – denn es gibt an sich nichts Gleiches –, hat erst alle Grundlage der Logik geschaffen.«[84]

Diese Festlegung trennt den Zentimeter natürlich noch mehr von der natürlichen Welt als das Standardisieren von Äpfeln den standardisierten Apfel von jeglichem echten Apfel. Eine der faszinierendsten Eigenschaften der natürlichen Welt ist, dass keine zwei Dinge in ihr identisch sind. Hierin unterscheidet sich etwa ein Wald so stark von einer Stadt; hierin liegt vielleicht auch, was viele Leute als so erfrischend empfinden, wenn sie die Stadt hinter sich lassen und sich auf den Weg in den Wald machen. In der Stadt umgibt uns Standardisierung: die Fenster eines Gebäudes, die Stoppschilder an Kreuzungen, die Ampeln, die weißen Linien auf den Straßen, die Hydranten, die Autos, sogar die Winkel von fast allem (meist 90 Grad) und die Geradheit so vieler Linien – Linien von Straßen, Gehsteigen, Mauern, Türen, Laternen … Sich das Durcheinander auf einem Waldboden anzuschauen, ist eine völlig andere Erfahrung: Keine zwei Äste, Steine, Grashalme, Tannenzapfen sind je gleich. Ein Spaziergang durch den Wald lässt uns nicht nur aufatmen; er bietet uns auch eine Flucht vor der Standardisierung, die Städte so stark prägt.

Indem wir eine erfundene Standardeinheit wie den Zentimeter verwenden, erwirken wir also eine radikale Trennung von der Natur – eben jenem Ding, zu dessen Untersuchung wir den Zentimeter verwenden. Was unendlich vielfältig ist, zwängen wir in eine Form der Gleichheit – eine noch radikalere Handlung, als zwei Äpfel zu addieren, indem wir sie als identisch betrachten.

•

Wir können ein Stöckchen vom Waldboden aufheben und es mit unseren Zentimetern messen. Wir *tun* also etwas mit dem Stöckchen: Messen ist eine Handlung. Und dieses Ding, das wir mit dem Stöckchen tun, ist eine Art des *Hineinzoomens* – ein Zurücklassen all der unendlichen Eigenschaften, die wir am Stöckchen bemerken könnten, und ein Konzentrieren auf das Ergebnis einer einzelnen Handlung, die wir an ihm ausführen.

Dieses Hineinzoomen ist außerdem kein Hineinzoomen in das Stöckchen, sondern in die Handlung, die wir am Stöckchen ausführen. Denn was hat das Stöckchen schon mit unseren Zentimetern zu tun? Sicherlich können wir unsere Zentimeter danebenlegen und zusammenzählen – wir können das Stöckchen auch treten oder verbrennen oder anmalen oder in kleine Stücke hacken. Aber wenn wir es beispielsweise blau anmalen – sagt uns das denn irgendetwas über das Stöckchen, außer, dass es in der Lage ist, angemalt zu werden? Wenn wir das Stöckchen treten – sagt uns das irgendetwas über das Stöckchen, außer, dass es in der Lage ist, getreten zu werden? Sie könnten auch mich blau anmalen – wodurch Sie nichts über mich erfahren würden, außer, dass Sie mich die Farbe wechseln lassen können. Dass sie 13 Zentimeter in einer Linie neben das Stöckchen legen können, verrät mir, dass Sie keine 14 oder 12 Zentimeter dorthin legen können – aber das sind Dinge, die Sie mit dem Stöckchen tun, Dinge, die *Sie* anstelle anderer Dinge ausgewählt haben, mit ihm zu tun, genauso wie Sie ausgewählt haben, die Unterschiede zwischen den Äpfeln zu ignorieren, um die Äpfel zählen zu können.

Das bringt uns wieder zurück zu den seltsamen Definitionen der Physik für ihre Messungen. Wenn wir im Wald ein Stöckchen aufheben und fragen, wie lang es ist, und neben ihm einen Haufen Standardzentimeter ausrichten und folgern, es sei 13 Zentimeter lang, erinnern wir uns, dass die Physik ja sagt: Hoppla – bloß nicht sagen, was es denn *ist*. Lasst uns lieber sagen: Wenn man dieses Stöckchen misst, erhält man eine Messung von 13 Zentimetern.

Jetzt sehen wir, dass die Physik einen zweiten Grund für ihre operativen Definitionen hat. Nicht nur hat sie keine Lust, mit Berkeley eine philosophische Diskussion darüber anzufangen, was denn *ist* – auch erkennt sie an, dass eine Messung eine Handlung darstellt, die von einer Person entschieden und ausgeführt wird, und keine Eigenschaft, die ein Stöckchen lauthals verkündet. Stören oder hindern tut das die Physik überhaupt nicht. Tatsächlich wird dadurch einiges einfacher.

Aufgabe der Physik ist, sich Modelle auszudenken, die Messungen miteinander verbinden. Eine Messung ist eine bestimmte, von einem Menschen ausgewählte Handlung, bei der das Objekt der Messung durch eine bestimmte Brille betrachtet wird – es wird hineingezoomt. Wir sind so daran gewöhnt, etwas wie Längen zu messen, dass wir uns kaum vorstellen können, uns damit für eine bestimmte Handlung zu entscheiden, die auszuführen sich irgendwann irgendjemand hat ausdenken müssen – was ja auch tatsächlich eine radikale Idee war. Diese Idee hat sich als extrem nützlich herausgestellt, und die Vorstellung, wie das Leben wäre, wenn nie irgendjemand diese Idee gehabt hätte, ist für uns schwierig, wenn nicht unmöglich. Trotzdem kommt einiges an Leben auch ohne sie zurecht. Tiere messen nicht; Bäume messen nicht. Zentimeter sind menschliche Artefakte – dort draußen in der Welt sind sie nicht zu finden.

•

Wenn wir Äpfel zählen, ignorieren wir ihre Unterschiede. Wenn wir den Umfang von Äpfeln messen, konzentrieren wir uns darauf, ein bestimmtes Ding mit den Äpfeln zu tun – und ignorieren in der Handlung des Messens notwendigerweise alles, was wir gerade nicht messen. Und selbst wenn wir das Wort »Apfel« verwenden, wählen wir bereits aus den unendlichen Unterschieden zwischen Äpfeln jene Gleichheiten aus, die wir uns für unsere Definition von »Apfel« ausgesucht haben. Wie es häufig heißt, haben die Inuit über einhundert verschiedene Wörter für jenes Ding, das die meisten von uns »Schnee« nennen. Und weil es ebenso häufig heißt, keine zwei Schneeflocken seien je gleich, zoomen selbst die Inuit schon ganz schön heraus.

Beim Zählen von Objekten und im Durchführen von Messungen an ihnen hat also gleichermaßen ein intensives Auswahlverfahren stattgefunden. Beim Zählen wählen wir aus, was an Objekten gleich ist, und lassen ihre Unterschiede außen vor. Beim Messen wählen wir erstens aus, was wir messen *können* (das heißt, welche Messverfahren wir erbringen können), und zweitens, was zu messen *nützlich* ist.

Man könnte es auch anders ausdrücken: Wenn wir messen und Modelle bauen, die unsere Messungen in Beziehung setzen, *ignorieren* wir unvermeidlich den Großteil des Phänomens, das wir gerade messen und abbilden. Als Galileo Galilei Bewegung untersuchte, ignorierte er Reibung; als Isaac Newton die Umlaufbahn des Mondes berechnete, ignorierte er dessen Krater; als Albert Einstein sich mit dem Öffnen der Türen des Speisewagens beschäftigte, ignorierte er dessen Tageskarte. Dieses strategische Ignorieren ist unvermeidlicher Bestandteil aller ordentlichen Wissenschaft. Es ist sogar eindeutig ein *wünschenswerter* Aspekt wissenschaftlicher Arbeit. Ohne ihn könnte niemand überhaupt wissenschaftliche Arbeit leisten.

Um zu erkennen, was es auszuwählen gilt und was wir ignorieren müssen, braucht es Talent, eine Gabe, die wir als »wissenschaftliches Genie« bezeichnen könnten. Was wir heute als Physik bezeichnen, begann, als Galileo Galilei klar wurde, dass er nur dann ein Modell für die Bewegung von Objekten entwickeln konnte, wenn er die Reibung, die auf fast alle Objekte unserer Erfahrung einwirkt, ignorierte; es war dieses Ignorieren, durch das er sich auf jene Aspekte der Bewegung konzentrieren konnte, deren Messungen sich mathematisch in Beziehung setzen ließen, um schlussendlich groß zu verkünden: »Das Buch der Natur ist in der Sprache der Mathematik geschrieben.« Zur damaligen Zeit war das eine überaus befremdliche Aussage, und wenn man es recht bedenkt, ist sie das auch heute noch.[U] Galilei hätte sich präziser ausdrücken können. Er hätte sagen sollen: »Aufgabe des Wissenschaftlers ist, nützliche Messungen jener Aspekte der Natur auszuwählen, die mathematisch abgebildet werden können.« Mathematik ist nicht die Sprache der Natur, sondern die des genial wählerischen Wissenschaftlers.

•

Messen ist eine Handlung und hat als solche Auswirkungen: Die Handlung des Messens selbst wirkt sich oftmals auf die Eigenschaft aus, die sie messen soll. In der mikroskopischen

U Befremdlich, aber auch nicht ganz originell. Zweitausend Jahre zuvor hatte Platon geschrieben, die Welt sei ein »Brief Gottes an die Menschheit«, »in mathematischen Buchstaben geschrieben«.[85]

Welt der Quantenmechanik ist diese Wirkung riesig. Wie David Hand erklärt: »Um etwas messen zu können, müssen wir mindestens ein Photon daran abprallen lassen, und das wirkt sich [auf das Objekt] aus.« Doch nicht nur das. In der Quantenwelt von Heisenbergs *Nichtdingen*

> ist es tatsächlich sinnlos, vom wahren Wert eines Attributs zu sprechen, ohne es gemessen zu haben. Vielmehr ist es die Handlung des Messens selbst, die das Attribut zu einem bestimmten Wert »zusammenklappt«.[86]

Die Eigenschaft, die gemessen wird, entsteht sozusagen erst durch die Messung. Die Art der Messung entscheidet, ob beispielsweise auf ein Elektron das Modell einer Patrone oder das von Gebell passt. Messen ist also ein symbiotischer Prozess. Die Messung ist keine objektive Beschreibung der Dinge dort draußen, sondern wirkt daran mit, ebenjenen Wert, den sie zu entdecken versucht, überhaupt erst zu schaffen. Misst man Elektronen auf eine Weise, erhält man Gebell. Misst man sie auf eine andere Weise, erhält man Patronen.[V]

Diese Art der Mitgestaltung lässt sich auch auf der Makroebene in einem ganz anderen Kontext beobachten. So wird in der medizinischen Forschung große Sorgfalt darauf verwendet, dass die Handlung des Messens sich nicht auf die resultierenden Messwerte auswirkt. Erproben Wissenschaftler ein neues Medikament, müssen sie immer sagen können, ob

V Wieder sehen wir, wie viel Sorgfalt die Physik darauf verwendet, nicht von »Realitäten« zu sprechen, von dem, was ist. Vielmehr verbinden ihre Modelle menschgemachte Messungen: menschliche Wahrnehmungen und nicht Gebilde, die unabhängig von diesen Wahrnehmungen »existieren«.

Arznei oder Messung den Patienten heilen. Versuchspersonen erfahren nicht, ob sie das echte Medikament oder ein Placebo erhalten. Nur so lassen sich Reaktionen auf den bloßen Umstand, eine Tablette zu bekommen, von den tatsächlich heilenden Eigenschaften einer Arznei unterscheiden. Selbst das Personal, das Medikament oder Placebo verabreicht, darf nicht wissen, um welches von beiden es sich handelt; so wird sichergestellt, dass Patienten keine subtilen Zeichen erhalten, ob sie die echte Droge bekommen oder nicht.[W]

Dass sich die Handlung des Messens auf der Mikro- wie auf der Makroebene auf das zu Messende auswirken kann – und das ganz unterschiedlich –, dient als weiterer Beleg, dass Messen keine neutrale, objektive Handlung ist. Nicht nur ist die Auswahl des zu Messenden subjektiv und gestaltet grundlegend die Art des Wissens, das durch die Messung gewonnen wird. Auch das Messen selbst kann mitgestalten, worüber Wissen erlangt werden soll – und es im Extremfall erst auftreten oder verschwinden lassen. Das Gebell des Elektrons verschwindet, wenn es mit einem Gerät gemessen wird, das auf Patronen ausgelegt ist; und sollte ich während eines Dates regelmäßig meine romantischen Gefühle messen, treten diese womöglich gar nicht erst in Erscheinung.

•

Im vorigen Kapitel definierte David Abram schamanistische Magie als eine »gesteigerte Empfänglichkeit für die sinn-

W Dieses Vorgehen heißt Doppelblindstudie, hat jedoch seine Grenzen. So wird in der Forschung zu psychedelischen Drogen für Versuchsperson wie Versuchsleiter recht schnell klar, wer das Placebo bekommen hat und wer das LSD.

tragenden Äußerungen, mit denen das größere, mehr-als-menschliche Feld um uns wirbt – Gesänge, Rufe, Gebärden«. Dazu gehört, »jederzeit aus den Grenzen der Wahrnehmung hinauszuschlüpfen, mit denen sich [die] spezifische Kultur [der Schamanin] umgibt – wobei die gesellschaftlichen Gepflogenheiten, Tabus und insbesondere der allgemeine Sprachgebrauch die Demarkationslinie darstellt«. Während also die gute Wissenschaftlerin klug *auswählt* und weiß, was sie zu *ignorieren* hat, um überhaupt Eigenschaften messen zu können, die für das Modell, an oder mit dem sie arbeitet, relevant sind, beruht das Wissen der Schamanin auf dem genau entgegengesetzten Vorgehen: ein Sich-Öffnen, oder eine gesteigerte Empfänglichkeit, gegenüber den unendlichen Reizen ihrer Umgebung. Und während die gute Wissenschaftlerin aus dem einzelnen Apfel herauszoomt und alle Äpfel als Äpfel kategorisiert, schlüpft die gute Schamanin gleich ganz aus derlei Grenzen der Wahrnehmung hinaus, Grenzen, die vor allem auf *Sprache* beruhen.

Die beiden Arten des Wissens – das schamanistische und das wissenschaftliche – widersprechen sich also in ihrem tiefsten Ursprung. Während für die Physikerin das Buch der Natur in der Sprache der Mathematik geschrieben ist, ist es für die Schamanin in gar keiner Sprache geschrieben. Zwischen der wissenschaftlichen und der schamanistischen Art des Wissens besteht eine Kluft, die fester Bestandteil der jeweiligen Bedeutung von *Wissen* ist.

Das heißt nicht gleich, dass sich Schamanismus nicht etwa neurowissenschaftlich erforschen ließe. Mit Hirnscans und anderen Messverfahren wird derzeit an der neurowissenschaftlichen Erforschung von Psilocybin-Trips gearbeitet. Von so ziemlich allem lassen sich Aspekte auswählen, um sie zu messen und abzubilden. Und genauso wenig bedeutet die Kluft zwischen den beiden Arten von Wissen, dass man Physik nicht etwa auch schamanistisch angehen könnte, wie auch immer das aussehen mag. Doch in beiden Fällen *kann das Werkzeug, mithilfe dessen man etwas über das jeweils andere Wissen erfahren will, ausschließlich zu Wissen einer völlig anderen Machart führen als jener des untersuchten Wissens.*

Genau so, wie Thomas Nagel sich zwar vorstellen kann, wie es für Thomas Nagel wäre, eine Fledermaus zu sein, ihm aber immer verwehrt bleibt, zu wissen, wie es für eine Fledermaus ist, eine Fledermaus zu sein, besteht eine elementare Blockade zwischen einem Wissen auf Grundlage von Auswählen und Ignorieren und einem Wissen auf Grundlage von Aufnahme und Empfänglichkeit. Oder direkter gesagt: Wissenschaftliches Wissen kann animistisches Wissen nicht erfassen – und nicht etwa, weil es nicht wissen würde, wie es dieses messen sollte, *sondern weil es überhaupt messen muss.* Das Problem ist nicht, dass animistische Erfahrung unmessbar wäre, sondern dass die Handlung des Messens sofort die Art von Wissen löschen würde, die es erlangen wollte.

Wenn wissenschaftliches Wissen darauf gründet, was es misst und abbildet, und animistisches Wissen nur ohne Auswahl und Messung zugänglich ist, dann kann animistisches Wissen (im Gegensatz zu Wissen über Animismus) der Wissenschaft unmöglich zugänglich sein. Wir haben hier also tatsächlich zwei nicht miteinander vereinbare Wahrheiten, abhängig von unserem jeweiligen Bezugssystem (unserer Brille).

Im Kapitel »Sein oder Nichtsein« widmen wir uns gleich dem wichtigsten Unterschied zwischen diesen beiden Bezugssystemen, knüpfen an Themen aus dem Kapitel »Der Gute Bischof« an und spinnen sie weiter. Die kartesianische grundlegende Weltsicht hat kein Problem damit, Existenz ohne Erfahrung als möglich zu erachten. Demgegenüber gilt in der animistischen Weltsicht jeder Bestandteil der physikalischen Welt als erfahrend. Das Kapitel »Sein oder Nichtsein« untersucht, wie stimmig diese konkurrierenden Behauptungen jeweils sind.

KAPITEL 6

Sein oder Nichtsein

Worin wir zwei Thesen über die Bedeutung von Existenz vergleichen und man auf einem Bahnsteig von Tahiti träumt.

1

Das vielleicht bekannteste Zitat westlicher Kultur besteht aus drei kurzen Wörtern, gesprochen von Hamlet, als er Suizid erwägt: »Sein oder Nichtsein?« Diese fünf Silben stehen für ein paar der aufgeladensten Konzepte, die sich durch Sprache ausdrücken lassen.

Was heißt es, *zu sein*? Und was heißt es, *nicht zu sein*? Diese einfache Wörter, »sein«, »ist«, und ein paar Buchstaben mehr, »existieren«, benutzen wir ständig. Wir sollten doch in der Lage sein, ihre Bedeutung zu erklären.

Der Baum *existiert*. Einer *bescheidenen* These zufolge würde »Der Baum existiert« bedeuten, dass, wenn Sie oder Anton oder Anna oder Ihr Hund oder ein Insekt oder vielleicht gar ein Pantoffeltierchen in eine bestimmte Aktion treten (wie etwa um die Hausecke zu biegen, die den Baum sonst verdeckt), Sie (oder Anton oder …) den Baum dann *erfahren*, indem Sie ihn sehen oder berühren oder riechen oder mit ihm Osmose betreiben – oder was auch immer Pantoffeltierchen mit Bäumen anstellen. Es bedeutet, dass, *wenn* Sie schon um die Ecke gebogen sind und in die richtige Richtung blicken, Sie *dann* den Baum sehen. Und es bedeutet, dass selbst wenn noch niemand um die Ecke gebogen ist und auch niemand um die Ecke biegen wird, wir noch immer darauf vertrauen, *falls* jemand um die Ecke biegen würde, er *dann* diesen Baum zu sehen bekäme – oder auf irgendeine andere Art erfahren würde.

Das, so die bescheidene These, meinen wir mit *existieren. Existieren* steht für eine versteckte Wenn-dann-Aussage: *Wenn* Sie das und das tun, *dann* erfahren Sie das Ding, das existiert (in diesem Falle den Baum).

Die These behauptet nicht, dass der Baum, wenn ich ihn *nicht* sehe (und auch sonst niemand), *nicht* existiert. Ganz im Gegenteil. In diesem Augenblick sehe ich den Baum nicht. Und trotzdem behaupte ich im Brustton der Überzeugung, dass er existiert. Er existiert, er existiert wirklich – und das bedeutet eben, *dass ich ihn sehen werde, wenn ich um die Hausecke biege*. Zu sagen, der Baum existiere nicht, hieße zu sagen, dass *ich keinen Baum sehen werde, wenn ich um die Hausecke biege*. Dieses Nichtexistieren hat also auch eine genau definierte Bedeutung – und steht ebenso für eine Wenn-dann-Aussage über Erfahrung.

Wir wissen, was es bedeutet, einen Baum zu erfahren: ihn zu sehen, zu riechen, zu berühren. Und weil wir wissen, wie es ist, einen Baum zu erfahren, ist die Bedeutung, die die bescheidene These dem Satz »Der Baum existiert« beimisst, stimmig – das heißt, sie ergibt einen Sinn für uns. Wir wissen genau, was gemeint ist: eine Erfahrung, gegenwärtig oder imaginiert.

Einerseits ist diese Definition von »existieren« völlig banal; ich kann mir kaum vorstellen, dass irgendwer Einwände dagegen hätte. Wenn hinter der Hausecke ein Baum steht, dann werde ich ihn wohl sehen, wenn ich um die

Hausecke biege (oder kann ihn berühren, falls ich blind sein sollte). Außergewöhnlich ist an der Definition, dass sie da aufhört. Wenn wir das Wort »existieren« benutzen, glauben wir normalerweise, damit viel mehr zu meinen. Wir glauben, damit etwas zu meinen, das gar nicht auf einer Wenn-dann-Aussage über Erfahrung basiert. Wir glauben, es sei egal, was ich oder sonst wer tut oder nicht tut oder sich vorstellt zu tun. Die Wenn-dann-Aussage über Erfahrung mag so gesehen auf triviale Art und Weise wahr sein, aber für die fundamentale Bedeutung von »existieren« ist sie irrelevant – sie ist eine logische Folge, nicht die primäre Bedeutung des Begriffs. Es wird also behauptet, dass »Der Baum existiert« im Grunde bedeutet, dass er … dass er … na, das lässt sich halt kaum anders ausdrücken. Es bedeutet, dass *er halt da ist*, Herrgott!

Nun haben wir zwei Thesen. Der bescheidenen These zufolge ist »existieren« bloß ein Kürzel für eine Wenn-dann-Aussage über Erfahrung, wie etwa: *Wenn* Sie um die Ecke biegen, *dann* werden Sie einen Baum sehen. Laut der *unbescheidenen* These ist die bescheidene These nur auf triviale Art und Weise wahr, und »existieren« bedeutet etwas weitaus Fundamentaleres, was nichts mit Erfahrung zu tun hat; die Wenn-dann-Aussage über Erfahrung sei bloß eine logische Folge, zweitrangige Konsequenz dieser weitaus fundamentaleren Existenz.

Aber worin besteht dieser weitaus fundamentalere Sinn, von dem die unbescheidene These ausgeht? Er ist ungeheuer schwierig auszumachen. Wenn wir ihn wie weiter oben näher bestimmen wollen, neigen wir zur Wiederholung und behaupten, dass »Der Baum ist da« bedeute, dass er existiert, wirklich existiert; und dass er wirklich existiert, bedeute, dass er wirklich da ist.

Eine Vertreterin der unbescheidenen These könnte als Beispiel eine Situation heranziehen, in der eine ganze Stadt evakuiert wurde. Niemand ist da. Ein Wirbelsturm zieht auf, und alle sind weg. Und während wir alle weg sind, reißt der Wirbelsturm den Baum um. Der Baum stürzt auf das Haus. Wir seien nicht da und erführen es nicht, so das Argument, aber der Baum *sei* da, das Haus *sei* da, und deswegen sähen wir, nachdem Entwarnung gegeben würde und wir in die Stadt zurückkehrten, den auf das Haus gestürzten Baum und das kaputte Dach.

Worauf ein Vertreter der bescheidenen These erwidern könnte: Ja! Du sagst, der Baum existiere, das Haus existiere, der Sturz existierte (kurz), und jetzt existierten das kaputte Dach und der umgestürzte Baum. Aber wenn du sagst, der Baum und das Haus existierten, was meinst du damit anderes, als dass du, wenn du an einen bestimmten Ort gegangen wärst, den Baum und das Haus gesehen hättest? Und wenn du sagst, der Sturz habe existiert, was meinst du damit anderes, als dass du, wenn du (genau im richtigen Moment) dorthin gegangen wärst, *den Sturz gesehen und gehört und gespürt hättest.* Und wenn du sagst, das kaputte Dach und der umgestürzte Baum *seien jetzt da*, was meinst du anderes, als dass du, *wenn du jetzt dorthin gingest, ein kaputtes Dach und einen schiefen Baum sehen würdest?* Ich verstehe nicht, was deine Version von Existenz der Wenn-dann-Bedeutung unserer bescheidenen These hinzuzufügen hätte, die übrigens auch den Vorteil hat, völlig selbsterklärend zu sein.

Ich sitze in meinem kleinen Zimmer. Ich schließe die Augen. Ich sage, mein Zimmer existiert noch immer – mein Papier, mein Schreibtisch, mein Sessel, mein Fenster. Aber bedeuten tut das nichts weiter, als dass *ich es, wenn ich die*

Augen öffne, sehen werde; oder falls jemand anderes das Zimmer betreten sollte, er oder sie es sehen würde.

Eine Physikerin sagt, Atome existieren. Sie wird Atome nie sehen. Aber sie erfährt sie. Sie erfährt Messungen von Instrumenten. Diese Messungen stimmen mit einem mathematischen Modell überein. Das mathematische Modell wurde mithilfe eines physikalischen Modells erdacht. Das physikalische Modell basiert auf Vorstellungen von Dingen, die Menschen »Atome« genannt haben. Und darauf beläuft sich die Erfahrung eines Atoms – es handelt sich um die Erfahrung einer Messung, die mit einem mathematischen Modell übereinstimmt, das wiederum auf einem physikalischen, Atome umfassenden Modell basiert. Und zu sagen, Atome existieren oder dass beim CERN in einem Ring tatsächlich Protonen herumfliegen, heißt einfach, zu sagen, *wenn* Sie bestimmte Messungen vornehmen, stimmen diese mit einem mathematischen Modell überein, das wiederum abgeleitet ist von einem physikalischen Modell auf Basis einer Vorstellung von Atomen oder Protonen. Die Erfahrung des Atoms ist die Erfahrung eines Messwerts in Kombination mit der Erfahrung, diesen Messwert in ein Modell einzufügen.

Zu sagen, mein Sessel besteht aus Atomen, heißt zu sagen, dass, wenn ich mit meinem Sessel bestimmte Dinge tue und bestimmte Messungen vornehme, dann diese Messungen mit Modellen auf Basis einer Vorstellung von Atomen übereinstimmen. Was sonst könnte es bedeuten? Was sonst sollte es bedeuten? Und so bitten wir Vertreter der unbescheidenen These: Jetzt sagt aber mal, was euer Konzept von »existieren«, ob nun auf Atome oder Bäume angewandt, jenseits des Anspruchs unserer bescheidenen These denn noch umfasst.

Die Vertreterin der unbescheidenen These kann das gar nicht beantworten. Egal, wie sehr sie es versucht. Und wir wissen, dass sie es nicht beantworten kann, weil die Aufgabe unmöglich ist. Und sie ist unmöglich, weil das, was die Vertreterin der unbescheidenen These hier vermutlich mit »existieren« meint – und wenn wir ehrlich sind, geht es uns eigentlich die meiste Zeit genauso –, irgendeine Eigenschaft *völlig außerhalb unserer Erfahrung* bezeichnet. Oder? Jetzt fragen wir sie mal direkt: »Wenn du sagst, das Haus existiere, gehst du davon aus, dass, wenn jedes bewusste Lebewesen auf der Welt plötzlich für immer verschwinden würde, das Haus immer noch diese Eigenschaft einer Existenz hätte. Du definierst diese geheimnisvolle Existenz doch als eine Eigenschaft, die *völlig losgelöst von Erfahrung* ist. Aber wir können uns doch gar keine Eigenschaften vorstellen, die völlig losgelöst von Erfahrung wären. Aus dem ganz einfachen Grund, dass, sobald wir uns eine solche Sache vorgestellt hätten, diese Vorstellung schon Teil unserer Erfahrung geworden wäre.«

Achten Sie mal drauf, jedes Mal, wenn Sie das Wort »existieren« oder »ist« oder, wie Hamlet, »Sein« verwenden. Fragen Sie sich dann mal, ob es irgendetwas beinhaltet, das nicht durch eine Wenn-dann-Aussage über ein erfahrendes Subjekt abgedeckt wäre.

Sie ist ganz schön frustrierend, diese Unterhaltung, weil wir eigentlich alle aufrichtig glauben, dass die unbescheidene These etwas meint, etwas ganz Bestimmtes, etwas, das wir *zu wissen spüren*. Wir können es halt bloß nicht in Worte fassen.

Vielleicht hilft ein Lexikon? Leider auch nicht. Laut Lexikon bedeutet »existieren« »sein«. Und, seltsamerweise, »sein« auch »existieren«.

•

Falls die bescheidene These richtig liegt, sind die Wörter »ist«, »existieren«, »sein« allesamt Kürzel, um Wenn-dann-Gedanken über Erfahrung auszudrücken. Das ist nicht weiter bemerkenswert: Wörter dienen häufig als Kürzel, eigentlich fast immer. Und sind als solche ungemein nützlich. Neulich las ich, Peugeot habe sich entschieden, ein neues Modell zu produzieren, den GX321z. Ich bin kein Autofan und interessiere mich nicht sonderlich für den GX321z, aber das Wort »entscheiden« interessierte mich hier doch sehr. In seiner eigentlichen Bedeutung beschreibt »entscheiden« einen psychologischen Prozess, der in lebendigen, bewussten Wesen stattfindet – sicherlich vor allem in Wesen, die sich ihrer selbst bewusst sind, wie Sie und ich. Wir haben Erfahrung darin, Entscheidungen zu treffen; wir wissen, was es heißt zu entscheiden; und so ergibt sich daraus für uns ein Sinn.

Aber Peugeot ist gar kein lebendiges, bewusstes Wesen. Peugeot ist, in den Worten Yuval Hararis,

> ein Produkt unserer kollektiven Phantasie. Das Wort »Phantasieprodukt« meint etwas, das nur erfunden ist und das nur deshalb existiert, weil wir so tun, als würde es existieren. Aus diesem Grund sprechen Juristen von einer juristischen Fiktion. Das Unternehmen ist unsichtbar, es handelt sich nicht um ein physisches Objekt. Trotzdem existiert es als juristische Person. Genauso wie Sie und ich muss es sich an die Gesetze der Länder halten, in denen es Fahrzeuge herstellt und verkauft. Es kann Bankkonten eröffnen

> und Eigentum erwerben. Es zahlt Steuern und kann verklagt werden, und zwar völlig unabhängig von den Menschen, die es besitzen oder für es arbeiten.[87]

Zu sagen, Peugeot habe etwas *entschieden*, ist eine nützliche und informative Aussage, obwohl eine juristische Fiktion natürlich gar nichts entscheidet. Wenn wir sagen, Peugeot habe entschieden, ein neues Modell herzustellen, meinen wir etwas ganz anderes als den psychologischen Prozess eines hochentwickelten Lebewesens. Und wenn wir kurz überlegen, wissen wir auch ganz genau, was wir meinen: »Entscheiden« dient hier als Kürzel für endlose Meetings von Vorstandsmitgliedern, Managern und Ingenieuren, die beispielsweise im Zählen der Stimmen einer bestimmten Personengruppe kulminieren, wobei die Ja-Stimmen die Nein-Stimmen zahlenmäßig übertreffen. Das ist ein völlig anderer Ablauf als der psychologische, in dem ich mich entscheide, statt eines Pfirsichs zum Nachtisch Kirschen zu essen.

Zugleich ist »entscheiden« hier ein ausgezeichnetes Kürzel. Wahrscheinlich wollten die wenigsten Autofans einen Artikel lesen, in dem die organisatorische Struktur und Verfahrensweise beschrieben wird, aufgrund deren Peugeots Vorstand Managern und Ingenieuren den Auftrag zur Produktion des GX321z erteilt. Die Leser wollen einfach wissen – schnell und effizient, Ja oder Nein –, ob dieses neue Modell nun hergestellt wird oder nicht. Sie sind vollkommen glücklich damit, »Peugeot hat entschieden« als raschen Lückenfüller für das eigentliche Geschehen zu lesen.

Genau so, wie das Wort »entschieden« in »Peugeot hat entschieden« als Kürzel für etwas völlig anderes als die eigentliche Bedeutung von »entschieden« fungiert, dient das

Wort »ist« oder »existieren« als Kürzel für etwas ganz anderes als die von uns normalerweise angenommene Bedeutung. Es ist ein Kürzel für eine Wenn-dann-Aussage über Erfahrung. Aber während im Falle von »entscheiden« das Wort auf beiden Ebenen etwas bedeutet – primär als psychologischer Prozess, den wir alle erfahren haben, und sekundär als Ergebnis einer Reihe von Meetings und Verfahren in einer Konzernleitung –, ist im Falle von »existieren« unsere Vorstellung von der primären Bedeutung unstimmig, und die *einzige* mögliche Bedeutung des Wortes ist die als Kürzel für die Wenn-dann-Aussage, die wir für seine sekundäre Bedeutung hielten.

•

So könnte man zumindest meinen. Aber es gibt einen Weg, um diese Schwierigkeit zu umgehen – einen Weg, wie wir »existieren« eine ursprüngliche Bedeutung verleihen können, vergleichbar mit der psychologischen Bedeutung von »entscheiden«. So können wir beispielsweise sagen, Anton *ist* am Bahnhof. Was meinen wir damit? Genau, *wenn* wir zum Bahnhof gehen, *dann* sehen wir dort Anton. Und genau, *wenn* jemand am Bahnhof in die richtige Richtung schaut, *dann* sieht er Anton. Das ist die erfahrungsbezogene Wenn-dann-Bedeutung. Aber wir können damit auch meinen, dass *Anton den Bahnhof sieht*. Und falls Anton blind ist, erfährt er den Bahnhof in anderer Weise, indem er hört, spürt, seinen Blindenstock benutzt.

Aber Anton muss noch nicht mal den Bahnhof erfahren. Vielleicht schläft er ja. Vielleicht hält er auf einem Bahnsteig auf einer Bank ein Nickerchen und träumt, er sei in Tahiti.

Zu sagen, dass Anton hier existiere, bedeutet ganz einfach und tiefgreifend, dass Anton gerade erfährt. Vielleicht *erfährt* er gerade den Bahnhof. Vielleicht Tahiti. Vielleicht einen tiefen, tiefen Schlaf.

Zu sagen, Anton existiere, bedeutet also nicht nur, dass ich, *wenn* ich an den richtigen Ort gehe, *dann* Anton sehe, was genauso auf Antons Leichnam zutreffen würde. Nein, ich kann Antons Existenz selbst ohne eine Wenn-dann-Aussage verstehen. Dass Anton existiert, bedeutet, dass Anton *erfährt* – und entscheidend hierbei ist, dass ich weiß, was das bedeutet, denn auch ich erfahre. Selbst wenn alles Leben im Universum außer Anton plötzlich verpuffen sollte, wäre es noch immer stimmig zu sagen, Anton *existiere*. Im Unterschied zur selben Aussage über das Existieren eines leblosen Objekts bezieht sich die Aussage über Antons Existieren nämlich auf etwas, das ich verstehen kann: Erfahrung.

Wenn ich sage, ein lebloses Objekt existiere, verfüge ich über keinerlei Sinn, den ich dieser Existenz beimessen könnte. Daher die Aufregung der Vertreterinnen der unbescheidenen These, wenn sie um eine Definition von »existieren« gebeten werden. Es ist einfach eine leere Chiffre. Um zu sagen, ein lebloses Objekt existiere, muss ich mir eine Erfahrung vorstellen. Und da das leblose Objekt selbst nicht erfahren kann, muss ich mir jemand anderes vorstellen, der es erfährt, was mich zur Wenn-dann-Aussage bringt, also *wenn* jemand zum richtigen Ort gehen würde, würde er *dann* besagtes Objekt erfahren.

Die Vorstellung von einer Existenz, die unabhängig von einer Wenn-dann-Aussage wäre, ist somit nur dann stimmig, wenn das, was existiert, erfahrend ist. Trifft das zu, haben wir eine solide Parallele zum »Entscheiden« von Peugeot. Ursprünglich bezieht sich »entscheiden« auf Lebewesen mit einer Psyche. Wir haben es auf ein nichtlebendes Wesen ohne Psyche übertragen (nämlich Peugeot) und benutzen es somit als Kürzel für etwas ganz anderes als seine ursprüngliche Bedeutung. Genauso bezieht sich »existieren« ursprünglich nur auf erfahrende Lebewesen. Wir haben es auf nichtlebende Wesen ohne Erfahrungen übertragen (leblose Objekte), indem wir in Form einer Wenn-dann-Aussage *unsere* Erfahrung *ihre* Existenz haben definieren lassen. Eine nützliche Abkürzung, in ziemlich derselben Manier.

2

Warum ist das wichtig? Warum ist es wichtig, dass Peugeot eigentlich gar nichts entscheidet oder Existenz außerhalb des Geltungsbereichs der Erfahrung bedeutungslos ist? Solange wir pragmatisch sind, ist es überhaupt nicht wichtig. »Peugeot hat sich entschieden, den GX321z zu produzieren« vermittelt knapp, effizient und relevant Informationen, die sonst sehr viel mehr Zeit beanspruchen würden; ich werde über alles informiert, was ich wissen muss, um praktisch zu handeln. Ich kann jetzt beispielsweise zum Autohändler gehen und den Wagen kaufen. Dazu muss ich mir keine Konferenzen voller Vorstandsmitglieder und Manager und Ingenieure vorstellen.

Gleichermaßen brauche ich, wenn ich mich in den Schatten des Baumes um die Hausecke setzen möchte, nur zu wissen, dass *der Baum da ist.* Sollte mich jemand fragen, wo es einen guten Baum zum Daruntersitzen gibt, kann ich sagen, um die Ecke *ist ein Baum.* Ich brauche nicht zu sagen: »Wenn Sie um die Ecke gehen, werden Sie einen Baum erfahren.« Aussagen über das Existieren sind einfacher als Wenn-dann-

Aussagen über Erfahrung, und ich kann genauso gut nach ihnen handeln – warum sollte ich sie also nicht gebrauchen?

Sobald wir die pragmatische Ebene verlassen, macht es einen gewaltigen Unterschied, wie ich diese Dinge ausdrücke. Zu glauben, Peugeot entscheide im ursprünglichen Sinn des Wortes, wäre wohl ziemlich schräg. Eine juristische Fiktion lebt nicht und durchläuft keine psychologischen Prozesse, an deren Ende sie ein solches oder ein solches Auto produziert. Aber jemand, der den Wörtern »ist« oder »existiert« eine Bedeutung beimisst, die über ein Wenn-Dann hinausgeht, wie es auf nichterfahrende Objekte angewandt wird, hat ein genauso unstimmiges und nicht weniger schräges Bild vom Universum und unserem Platz darin.

Dieses Bild wird häufig als »kartesianisch« bezeichnet, zu Ehren von René Descartes, seinem größten Verfechter. Allerdings lässt die Bezeichnung »kartesianisch« es obskur und akademisch wirken, wenngleich es in Wirklichkeit alles andere ist – nämlich das ganz normale, vorgefertigte, völlig gewöhnliche Weltbild, das den größten Teil der modernen, westlich geprägten Gesellschaft bestimmt, religiöser wie säkularer Natur, und das zumindest so *wirkt*, als würde es die Grundlage bilden, auf der die Wissenschaft sämtliche ihrer Erklärungen aufstellt. Es ist das Bild eines unbelebten Universums, das unbescheidenerweise unabhängig von aller Erfahrung existiert, ein Universum, in das bewusste, erfahrende Wesen wie wir irgendwie hineingestolpert und dessen wir uns dann bewusst geworden sind. In dieser Vorstellung kann das Universum auch ohne uns und unseresgleichen wunderbar unbescheiden existieren, wie einstmals und wohl irgendwann wieder.

Vom Urknall beispielsweise nehmen wir an, dass er wirklich geschehen ist – wir denken, dass er existiert hat, im unbescheidenen Sinn (oder Un-Sinn) des Wortes. Doch die einzige stimmige Bedeutung, die wir diesem Existieren zuschreiben können, ist die bescheidene Version: nämlich, dass jemand, wenn er zum Zugucken da gewesen wäre, eine riesige Explosion gesehen hätte, verschiedenste Partikel und Temperaturen und Geschwindigkeiten und Massen hätte messen können und so weiter. Das ist ein sehr *menschlicher* Urknall.

Und doch überrascht es kaum, dass es sich um einen sehr menschlichen Urknall handelt, gekennzeichnet durch menschliche Konzepte wie Geschwindigkeiten, Massen, Partikel, Temperaturen, Quantenschwankungen und so weiter. Es könnte gar nicht anders sein. Es handelt sich ja um *unser* Konzept. Sich einen Urknall vorzustellen, der nichts mit uns Menschen zu tun hat, wäre verrückt, denn wir sind ja Menschen: Der Urknall ist ein menschlicher Gedanke, eine menschliche Vorstellung – ein menschgemachtes physikalisches Modell, das mathematische Modelle bestätigt, die von uns Menschen aktuell genommene Messungen in Beziehung setzen. Und trotz der Verrücktheit des Gedankens denken wir doch fast unweigerlich, der Urknall habe nichts mit Menschen oder Leben in sonst einer Form zu tun; dass er in jenem unbescheidenen, mysteriösen Sinn, den niemand so recht zu definieren weiß, existiert habe.

Und so neigen wir dazu, parallel an zwei widersprüchliche Grundsätze zu glauben: an den ersten, unbescheidenen Grundsatz, der Urknall habe nichts mit Menschen zu tun und habe irgendwie in einem völlig undefinierbaren, aber absoluten Sinn existiert; und an einen zweiten, dass wirklich alles, was wir über den Urknall sagen oder wissen können, durch und durch menschlich ist und jede Eigenschaft, die wir ihm zuschreiben können, eng mit unserer menschlichen sinnlichen und intellektuellen Erfahrung verknüpft. Wie der Sessel im Arbeitszimmer oder der Mond am Himmel ist der Urknall eine gänzlich leere Chiffre, solange wir ihn nicht mit unserer realen oder, wie in diesem Falle, imaginierten Erfahrung ausfüllen.

Es ist ein Wunder, dass wir diese beiden widersprüchlichen Fassungen des Urknalls geistig jonglieren können und uns der Widerspruch nicht weiter stört.

Aber es geht noch weiter. Denn laut Descartes kann nicht nur die Welt unabhängig von der Erfahrung existieren – auch von unserer Erfahrung glaubt er, sie könne unabhängig von der Welt existieren. Gleich nach der Entdeckung von »Ich denke, also bin ich«, schrieb er:

> Ich erkannte daraus, daß ich eine Substanz sei, deren ganze Wesenheit (essence) oder Natur bloß im *Denken* bestehe und die zu ihrem Dasein weder eines Ortes bedürfe noch von einem materiellen Dinge abhänge, so daß dieses *Ich*, das heißt die *Seele*, wodurch ich bin, was ich bin, vom Körper völlig verschieden und selbst leichter zu erkennen ist als dieser und auch ohne Körper nicht aufhören werde, alles zu sein, was sie ist.[88]

Die Seele [würde] auch ohne Körper [die physikalische Welt] nicht aufhören, alles zu sein, was sie ist. Das ist die andere Hälfte von Descartes' Dualismus zwischen Geist und Körper, Subjekt und Objekt, Erfahrung und Existenz. Nicht nur braucht die physikalische Welt den Geist nicht – der Geist braucht auch die physikalische Welt nicht. Diese zweite

Hälfte von Descartes' Dualismus ist überaus heftiger angegriffen worden als die erste. So schreibt etwa der Neurowissenschaftler Antonio Damasio:

> Darin liegt Descartes' Irrtum: in der abgrundtiefen Trennung von Körper und Geist, von greifbarem, ausgedehntem, mechanisch arbeitendem, unendlich teilbarem Körperstoff auf der einen Seite und dem ungreifbaren, ausdehnungslosen, nicht zu stoßenden und zu ziehenden, unteilbaren Geiststoff auf der anderen; in der Behauptung, daß Denken, moralisches Urteil, das Leiden, das aus körperlichem Schmerz oder seelischer Pein entsteht, unabhängig vom Körper existieren. Vor allem: in der Trennung der höchsten geistigen Tätigkeiten vom Aufbau und der Arbeitsweise des biologischen Organismus.[89]

Wie viele andere hinterfragt Damasio nur diese eine Hälfte der Descartschen Grundidee und bleibt somit in wichtiger Hinsicht verkappter Kartesianer. Denn Descartes' Irrtum liegt nicht nur darin, den Geist als getrennt vom Körper anzusehen. Er liegt darin, den Geist als getrennt von der physikalischen Welt anzusehen und somit – und das ist der ausschlaggebende Punkt – die physikalische Welt als getrennt vom Geist. Es handelt sich um ebenjene unbescheidene These, der zufolge der Begriff der Existenz unabhängig vom Begriff der Erfahrung einen Sinn ergibt – eine Vorstellung, mit der Damasio anscheinend keinerlei Problem hat.

•

Wie unstimmig die Vorstellung separat existierender Subjekte und Objekte ist, legte vor fast dreihundert Jahren David Hume feinsäuberlich dar und wurde dadurch zum radikalen Skeptiker. In einer schönen Passage reflektierte er über die Tür zu seinem Arbeitszimmer, seinen Diener (den Briefträger) und eine Treppe:

> Ich sitze hier in meinem Zimmer, mit meinem Gesicht dem Feuer zugewandt; alle Gegenstände, die auf meine Sinne einwirken, befinden sich in einem Umkreis von wenigen Yards um mich herum. Zugleich gibt mir die Erinnerung noch von der Existenz mancher anderer Objekte Kunde; aber diese Kunde erstreckt sich nur auf die frühere Existenz derselben; weder meine Sinne noch mein Gedächtnis legen Zeugnis ab von ihrem jetzigen Dasein. Indem ich nun so dasitze und jenen Erinnerungen nachgehe, höre ich plötzlich einen Lärm wie von einer Türe, die sich in ihren Angeln dreht, und ein wenig später sehe ich einen Briefträger auf mich zukommen. Dies gibt mir Veranlassung zu allerlei neuen Reflexionen und Schlüssen. Erstlich habe ich niemals beobachtet, daß ein solches Geräusch von etwas anderem als der Bewegung einer Tür herrührte; darnach urteile ich, daß dieses gegenwärtige Phänomen im Widerspruch stände mit allen früheren Erfahrungen, wofern nicht die Tür, die sich, wie ich mich erinnere, an der anderen Seite des Zimmers befindet, noch existierte. Weiterhin habe ich stets gefunden, daß der menschliche Körper eine Eigenschaft besitzt, die ich Schwere nenne und die ihn

> daran hindert, in der Luft emporzusteigen. Dies müßte der Briefträger, um zu meinem Zimmer zu gelangen, getan haben, wenn etwa die Treppe, deren ich mich erinnere, in meiner Abwesenheit vernichtet worden sein sollte. Aber dies ist nicht alles. Ich erhalte einen Brief und beim Öffnen desselben erkenne ich an der Handschrift und Unterschrift, daß er von einem Freunde herstammt, der mir sagt, er sei zweihundert Meilen von mir entfernt. Offenbar kann ich diese Tatsache nicht übereinstimmend mit meiner in anderen Fällen gewonnenen Erfahrung erklären, ohne in meinem Geist die ganze See und den Kontinent zwischen uns auszubreiten und die Wirkungen und die dauernde Existenz von Posten und Überfahrtsgelegenheiten *meiner Erinnerung und Beobachtung gemäß* vorauszusetzen.[90]

Hume ist versucht zu glauben, dass etwa die Treppe zu seinem Zimmer existiere, obwohl er sie, das Gesicht dem Feuer zugewandt, nicht wahrnimmt – ansonsten müsste sein Diener zu ihm heraufgeschwebt sein, was er eher bezweifelt. Diese Überlegung lässt Hume jedoch anmerken, dass »der gemeine Mann« – »Kinder, Bauern und der größte Theil des Menschengeschlechts« – und selbst Philosophen, wenn sie nicht gerade mit Philosophieren beschäftigt sind, eigentlich gar nicht unterscheiden zwischen der Wahrnehmung eines Gegenstands und dem Gegenstand selbst. Wenn ich Ihnen beispielsweise einen Stuhl anbiete, sage ich nicht: »Bitte nehmen Sie sich selbst dabei wahr, wie Sie in Ihrer Wahrnehmung dieses Stuhls Platz nehmen«, sondern eher: »Bitte nehmen Sie doch Platz.«

Hume, noch immer vor seinem gemütlichen Feuer im Arbeitszimmer sitzend, versucht sich an einem weiteren Experiment:

> Ich betrachte die Möbel in meinem Zimmer, schließe meine Augen und öffne sie wieder; ich finde dann, daß die neuen Wahrnehmungen denen vollkommen gleichen, die vorher meinen Sinnen sich aufdrängten.[91]

Diese Ähnlichkeit zwischen offenkundig unterschiedlichen *Wahrnehmungen* – eine Wahrnehmung fand statt, bevor er die Augen schloss, die andere danach – bewirkt eine Situation, die Hume bei weiterem Nachdenken albern findet. Wir gehen mit zwei Prinzipien im Kopf umher, und sie widersprechen sich: Das erste besagt, *der Stuhl sei identisch mit meiner Wahrnehmung des Stuhls*, und das zweite, *der Stuhl existiere ohne Unterbrechung* (obwohl ja meine Wahrnehmung, von der das erste Prinzip sagt, sie *sei mit dem Stuhl identisch*, ganz klar unterbrochen wird).

Zur Quadratur dieses Kreises, so Hume, machen Philosophen »eine neue Annahme«: die der *zweifachen Existenz* des Stuhls, als Wahrnehmung *und* als Gegenstand. Dann können die Wahrnehmungen tatsächlich unterbrochen werden (was ja offenkundig ohnehin geschieht), der Gegenstand aber kann eine fortwährende Existenz genießen. Wie Hume schreibt:

> Die bezeichnete philosophische Anschauung ist darnach das widernatürliche Ergebnis aus zwei Voraussetzungen, die einander entgegengesetzt sind, vom Geist zu gleicher Zeit anerkannt werden, und

> nicht imstande sind, sich gegenseitig zu vernichten. Die Einbildungskraft sagt uns, daß die einander ähnlichen Wahrnehmungen [die Wahrnehmungen des Stuhls vor und nach dem Schließen der Augen] dauernde und ununterbrochene Existenz besitzen, und wenn sie entschwinden, nicht vernichtet werden. Die Überlegung sagt uns, daß auch die einander ähnlichen Wahrnehmungen in ihrer Existenz Unterbrechungen erfahren und voneinander verschieden sind. Dem Widerstreit dieser Gedanken [nun] entgehen wir durch eine Fiktion, die zugleich dem, was uns die Überlegung und dem, was uns die Einbildungskraft sagt, gerecht wird, indem sie die einander widersprechenden Merkmale verschiedenen Existenzen zuschreibt, die *Unterbrechung* den Wahrnehmungen, die *Dauer* den Gegenständen.[92]

Dieses »widernatürliche Ergebnis« ist Hume zufolge »überdies mit der Ungereimtheit behaftet, daß [es] die Voraussetzungen des gewöhnlichen Lebens zu gleicher Zeit leugnet und bestätigt [also die gewöhnliche Ansicht, Wahrnehmungen seien mit Gegenständen identisch]«:

> Die Philosophen leugnen, daß die einander ähnlichen Wahrnehmungen [die Wahrnehmung des Stuhls vor und nach dem Schließen der Augen] identisch und ununterbrochen seien, und doch sind sie so sehr geneigt, sie dafür zu halten, daß sie willkürlich eine neue Art von *Perzeptionen* [die Gegenstände] erfinden, nur um ihnen diese Eigenschaften

> zuzuschreiben. Ich sage, eine neue Art von *Perzeptionen*; denn wir können wohl, ganz im allgemeinen, die Annahme machen, daß es Gegenstände gebe, die nicht ihrem Wesen nach mit Perzeptionen durchaus identisch wären, aber wir können uns von dem Sinne einer solchen Annahme keine klare Vorstellung machen.[93] [Kursivierung A. C.]

Die Absurdität wäre somit komplett. Wahrnehmungen haben eine zweite Existenz als Gegenstände, aber diese Gegenstände gelten selbst als nichts anderes als Wahrnehmungen. Das hieße also, ich sehe einen Stuhl – gräulich braun, korbgeflochten, mit vier Beinen –, anerkenne aber, dass dieser Stuhl eigentlich nur meine Wahrnehmung des Stuhls ist, nicht der Stuhl selbst. Frage ich mich aber, wie der Stuhl selbst ist, antworte ich, er sei gräulich braun, korbgeflochten, mit vier Beinen – tatsächlich genau wie meine Wahrnehmung des Stuhls. Ich begreife den Stuhl also *nicht* als dasselbe wie meine Wahrnehmung des Stuhls und zugleich als *dasselbe* wie meine Wahrnehmung des Stuhls. Die zweifache Existenz ist wieder zur einzelnen Existenz geworden. Was tun? Hume rät, einfach aufzugeben:

> Wir können unter Voraussetzung keiner der erwähnten Anschauungen die Aussagen, sei es des Verstandes, sei es der Sinne, gegen Zweifel schützen; wir stellen dieselben nur immer mehr bloß, wenn wir sie auf Grund derselben zu rechtfertigen suchen. Da der skeptische Zweifel das natürliche Ergebnis jedes gründlichen und intensiven Nachdenkens über die dabei in Betracht kommenden Fragen ist, so wird

er um so stärker, je weiter wir unser Nachdenken treiben, mögen wir dies tun, um den Zweifel zu bekämpfen oder um ihn zu rechtfertigen. *Sorglosigkeit und Nichtachten [auf die Zweifelsgründe], das allein kann uns heilen. Auf sie baue ich denn auch hier ganz und gar.*[94] [Kursivierung A. C.]

3

Das gesamte Schlamassel, das Hume gerade so kundig durchstreift hat, löst sich auf, sobald uns klar wird, dass das Wort »existieren« in seinem unbescheidenen Sinn unstimmig ist. Humes Streifgänge belegen diese Unstimmigkeit sogar in einem solchen Ausmaß, dass er selbst nur noch raten konnte, voll und ganz auf »Sorglosigkeit und Nichtachten« zu setzen. Doch sobald wir verstehen, dass »existieren« in Bezug auf unbelebte Objekte ein Code für eine Wenn-dann-Aussage ist, verschwindet das Schlamassel. Wir begreifen, dass es, wenn wir die Augen schließen, unstimmig ist zu fragen, ob der Stuhl in irgendeinem anderen Sinn existiert als im bescheidenen Sinn der Wenn-dann-Aussage – der zufolge ich, sobald ich die Augen wieder öffne, den Stuhl sehen werde. Wenn das alles ist, was »existieren« bedeutet – und mehr kann es gar nicht bedeuten –, besteht für eine zweifache Existenz keine Notwendigkeit. Dann ist es gar nicht nötig zu hinterfragen, ob der Stuhl wirklich existiert, wenn ich die Augen schließe – natürlich tut er das, denn »wirklich existiert« bedeutet nicht mehr, als dass ich ihn sehen werde, wenn ich die Augen wieder öffne.

Das Problem, *wie* Objekte denn nun sind, verschwindet umgehend – es gibt keine Objekte, nur Wahrnehmungen,

Erfahrungen –, und »dauernde Existenz« bezieht sich auf nicht mehr als eine gewisse Beständigkeit und Stimmigkeit *innerhalb* der Erfahrung. Die Vorstellung von Beständigkeit und Stimmigkeit *innerhalb unserer Erfahrung* – statt in Objekten, die vermeintlich außerhalb der Erfahrung stehen – erklärt nachvollziehbar, warum der Stuhl, bevor und nachdem ich die Augen geschlossen habe, gleich aussieht und dass der Baum um die Hausecke von vielen verschiedenen Menschen zu vielen verschiedenen Zeiten erfahren werden kann. Somit ersetzt das stimmige Konzept der *Gesetzmäßigkeiten innerhalb der Erfahrung* das unstimmige Konzept *zweifach existierender* Objekte.

An dieser Stelle wird häufig eingewendet, dank der Wissenschaft wisse man ja, dass der Stuhl aus Atomen bestehe, deren elektromagnetische Wellen im Zusammenspiel mit dem menschlichen Auge im menschlichen Geist das Bild eines Stuhls erzeugten – dass also tatsächlich eine zweifache Existenz bestehe, mit den Atomen als Humes *Objekt* und dem geistigen Bild als *Wahrnehmung*. Diese Vorstellung ist verführerisch und der letzte Widerstand des Kartesianismus, sein Trumpf – und zugleich sein Waterloo.

Das Problem bei dieser Vorstellung liegt darin, dass sie die unbescheidene Existenz von Atomen, losgelöst von aller Erfahrung, voraussetzt, womit wir wieder beim Anfang wären: bei der Frage, was genau wir denn mit der Existenz eines unbelebten Objekts meinen – eine Frage, die wir, wie wir gesehen haben, nicht beantworten können, im Hinblick auf Atome genauso wenig wie bei Stühlen, außer mit unserer bescheidenen These auf Grundlage einer Wenn-dann-Aussage über Erfahrung. *Wenn* ich um die Hausecke biege, *dann* erfahre ich den Baum; und *wenn* ich bestimmte Messungen vornehme, *dann* erfahre ich das Atom (indem ich merke, dass die wahrgenommene Messung mit dem Atommodell übereinstimmt).

Mit dem Atom verhält es sich also genau so wie mit dem Baum oder dem Stuhl oder irgendeinem anderen unbelebten Objekt. Ohne auf eine Wenn-dann-Aussage über unsere Erfahrung zurückzugreifen, kann das Konzept seiner Existenz für uns gar keinen Sinn ergeben. Sonst müssten wir nicht erst beim Atom Zuflucht suchen, um die Stimmigkeit der kartesianischen Existenz zu beweisen – das hätten wir gleich zu Anfang tun können, mit dem Baum oder dem Stuhl.

Allerdings haben Atome für viele von uns aus irgendeinem Grund eine Art Sonderstatus angenommen. Sie symbolisieren die Grundlage der kartesianischen Existenz und tragen die Last dieses Konzepts, das sich auf größere Objekte wie Bäume oder Stühle kaum sinnvoll anwenden lässt – als ob sich Atome, weil sie so viel kleiner und für unser Auge unsichtbar sind, das Privileg erarbeitet hätten, von Fragen zur Existenz großer, direkt wahrnehmbarer Objekte ausgenommen zu sein. Das ist eine eher seltsame Wendung, weil man eigentlich meinen würde, dass gerade ein Baum an dieser unbescheidenen Existenz leichter teilhaben sollte als ein unsichtbares, rein theoretisches menschliches Konzept wie ein Atom. Aber vielleicht ist es gerade die Rätselhaftigkeit von Atomen – wir können sie nicht sehen, und doch sind sie überall –, die uns auf irgendeiner Ur-Ebene glauben lässt, sie besäßen bei peinlichen Fragen zu Existenz einen Freibrief.

Dass die Vorstellung der unbescheidenen Existenz von Atomen unstimmig ist, bedeutet allerdings nicht, die Wissenschaft liege falsch – ganz im Gegenteil, wahre Wissenschaft liegt richtig. Wahrer Wissenschaft ist klar, dass ihr

Geschäft darin besteht, durch mathematische Modelle Messungen in Beziehung zu setzen. Vorstellungen von Atomen und elektromagnetischen Wellen haben mathematische Modelle angeregt, die unsere Erfahrungen ausgezeichnet miteinander verbinden, etwa jene, einen roten Stuhl zu sehen oder auf der Anzeige eines Oszilloskops 4,3×1014 Hz zu lesen. Aber dieser Umstand beinhaltet nichts, das uns über unsere Erfahrung hinaustragen und der unbescheidenen Existenz unbelebter Objekte einen Sinn verleihen würde.

Wissenschaft muss nie über Erfahrung hinausgreifen (als ob sie das je könnte). Wie Atome müssen wir physikalische Modelle als das nehmen, was sie sind – Hilfsmittel, damit wir mathematische Modelle zum Verknüpfen von Messungen erstellen und nutzen können. Physikalische Modelle sind cool, Ehrfurcht gebietend, sie erzeugen eine zauberhafte Poesie – der Urknall, die Welt subatomarer Teilchen, die Krümmung der Raumzeit, sie alle sind fabelhafte Leistungen der Vorstellungskraft. Sie sind fantastische Werkzeuge und ausgezeichnet, um jene Mathematik anzuregen, die Erfahrungen von Messungen miteinander verknüpft; aber sie bleiben Werkzeuge und können somit nie eine Realität abbilden, die unbescheiden existiert, also unabhängig von Erfahrung und über diese hinaus. Und das ist nicht so, weil sie nicht etwa gut genug wären oder sonst wie versagt hätten, sondern weil die Vorstellung einer solchen unbescheidenen Existenz eben unstimmig ist. Die Aufgabe ist unmöglich zu erfüllen – aber statt uns zu beschweren, können wir genauso gut all jene Aufgaben bestaunen, die unsere Wissenschaft sehr wohl bewerkstelligt.

Die Unmöglichkeit, die wir einfordern, wenn Wissenschaft beschreiben soll, was unabhängig von Erfahrung und über diese hinaus existiert, beschreibt Hume in einem weiteren bemerkenswerten Passus:

> Man richte seine Aufmerksamkeit so intensiv als möglich auf die Welt außerhalb seiner selbst, man dringe mit seiner Einbildungskraft bis zum Himmel, oder bis an die äußersten Grenzen des Weltalls; man gelangt doch niemals einen Schritt weit über sich selbst hinaus, nie vermag man mit seiner Vorstellung eine Art der Existenz zu erfassen, die hinausginge über das Dasein der Perzeptionen, welche in dieser engen Sphäre [des eigenen Bewußtseins] aufgetreten sind. Dies ist das Universum der Einbildungskraft; wir haben keine Vorstellung, die nicht darin ihr Dasein hätte.[95]

4

Das Beispiel von Anton hat uns gezeigt, dass sich etwas stimmig als existierend bezeichnen lässt, wenn es entweder erfahren werden kann, in welchem Falle »existieren« als Kürzel für eine Wenn-dann-Aussage dient, die gleichermaßen auf Anton wie auf Antons Leichnam zutreffen würde, oder aber wenn das Ding, das wir als existierend bezeichnen, erfahrend ist, so wie Anton, wenn er lebt. In letzterem Fall fungiert »existieren« nicht als Wenn-dann-Abkürzung, sondern beschreibt stimmig und direkt den Ort der Erfahrung selbst (in diesem Falle Anton). Und trotzdem ist dieser Gegensatz eher seltsam: Warum sollte dasselbe Wort – »existieren« – auf zwei so unterschiedliche Fälle anwendbar sein, auf das erfahrende Subjekt *und* auf das erfahrene Objekt?

Der Baum, der um die Hausecke herum existiert, scheint als Objekt weniger im erfahrenden Sinn zu existieren als ausschließlich im Wenn-dann-Sinn – so haben wir ihn in unserer Argumentation bislang behandelt. Aber jetzt kommen Autoren wie Peter Wohlleben und Richard Powers und erklären uns, angeregt durch die Forschung von Waldökologinnen wie Suzanne Simard, dass die Dendrologie (Baumkunde) uns eine wilde neue Welt eröffne, die sich unser westliches, kartesianisches Universum bislang nicht hätte erträumen lassen.[96] Diesen Autoren und Wissenschaftlerinnen zufolge sind Bäume soziale Wesen. Sie kommunizieren sowohl miteinander als auch mit anderen Pflanzen und Tieren, indem sie Pheromone in die Luft entlassen, einander warnen, etwa vor zerstörerischen Insekten oder Giraffen, die ihre Blätter fressen wollen – und sie rufen sogar andere Arten, wie Wespen, um sich vor hungrigen blätterfressenden Läusen zu schützen. Auch über ihre Wurzelnetzwerke und die weitreichenden Pilze, die sie miteinander verbinden, kommunizieren sie miteinander. Bäume ernähren ihre Jungen, unterstützen ihre Kranken und lassen sogar ihre Toten wiederauferstehen. Unter dem Waldboden liegt in Simards Worten ein »waldweites Netz« hochentwickelter Kommunikation und gegenseitiger Unterstützung.

Wir leben in einer Zeit, in der die kartesianische Auffassung von Tieren als Automaten abgelöst wurde von einer anderen, auf besserer Wissenschaft gründenden Auffassung – in einer Zeit, in der wir wissen, dass Tiere bewusst sind, Tiere Gefühle haben und selbst Fruchtfliegen träumen. Ähnliche Erkenntnisse vermittelt die neue Dendrologie jetzt über die Welt der Pflanzen. Es ist vorstellbar, dass Wissenschaftlerinnen in nicht allzu ferner Zukunft kundtun, dass auch Bäume auf eine ganz eigene und doch analoge Art zu Tieren und Menschen am Bewusstsein teilhaben, an Gefühlen, an Träumen.[X]

Diese Vorstellung ist allerdings nur für den westlichen kartesianischen Geist neu und überraschend. Gegen Ende von Richard Powers' Roman *Die Wurzeln des Lebens* trifft ein amerikanischer Ureinwohner auf einen Weißen, der die jüngsten wissenschaftlichen Erkenntnisse über Wälder bestaunt. Der Ureinwohner muss lachen und sagt: »Seit 1492 versuchen wir, euch das zu erklären.«[97] Animistischen Kulturen haben Tiere und Pflanzen schon immer als erfahrende Wesen gegolten. Und nicht bloß Tiere und Pflanzen, auch Steine, Flüsse, Wolken und Berge.

In einem animistischen Weltbild gibt es beim Wort »existieren« keinen Gegensatz, keinen Bedeutungsunterschied, der abhängig davon wäre, ob das existierende Ding ein Erfahrender wie Anton ist oder ein »unbelebtes« Objekt wie ein Stein – weil es eben keine »unbelebten« Objekte gibt, sondern ausschließlich Erfahrende. »Anton existiert« bedeutet an erster Stelle, dass Anton erfährt; an zweiter Stelle

X Michael Pollan, Autor mehrerer Bücher über Pflanzen (*Meine zweite Natur. Vom Glück, ein Gärtner zu sein*; *Die Botanik der Begierde*; *Das Omnivoren-Dilemma*) reflektiert: »Dass Pflanzen intelligent sind, glaube ich schon lange – nicht unbedingt so, wie wir uns Intelligenz vorstellen, sondern so, wie es für sie angemessen ist. Wir können vieles, was Pflanzen nicht können, doch das gilt auch umgekehrt – sie können beispielsweise aus Stahlkäfigen fliehen oder Sonnenlicht verzehren. Definiert man Intelligenz als die Fähigkeit, die neuen Probleme zu lösen, vor die einen die Wirklichkeit stellt, dann sind Pflanzen intelligent. Sie sind auch handlungsfähig, sich ihrer Umgebung bewusst und besitzen eine Art Subjektivität – eine Reihe von Interessen, die sie verfolgen, und somit einen Standpunkt.«[98]
Für einen Contra-Standpunkt und eine »robuste Antwort« (im Rahmen der »größten botanischen Tortenschlacht seit der Romantik«) vgl. Ian Sample, »Group of Biologists Tries to Bury the Idea That Plants are Conscious«, *The Guardian*, 03.07.2019.

bedeutet es, dass ich, wenn ich an einen bestimmten Ort gehe, Anton erfahre. »Der Wolf existiert« bedeutet, dass der Wolf erfährt und somit selbstverständlich, dass ich, wenn ich dorthin gehe, wo der Wolf ist, den Wolf sehe. »Der Baum existiert« bedeutet, dass der Baum erfährt und somit, dass ich, wenn ich dorthin gehe, wo der Baum steht, den Baum sehe. Und »Der Stein existiert« bedeutet, dass der Stein erfährt und deshalb ich, wenn ich dorthin gehe, wo der Stein liegt, den Stein sehen werde.

Die Herausforderung, die westliche Kartesianer peinlicherweise nicht bewältigt bekommen – nämlich zu erklären, was sie denn unbescheidenerweise damit meinen, ein unbelebtes Objekt existiere – und die sie bloß ständig wiederholen lässt: »Ich meine, dass *es da ist, dass es ist, dass es existiert*«, immer wieder und immer lauter, meistert ein Animist mit links. Der Animist kann die Frage nach dem Sinn von »Der Baum ist da« in einer Weise beantworten, die hinsichtlich der Existenz eines Objekts das dringende Bedürfnis befriedigt, über eine Wenn-dann-Aussage über *andere* Wesen hinauszukommen. Für den Animisten liegt der vorrangige Sinn im Erfahren. »Der Baum ist da« bedeutet zuallererst, dass der Baum *erfährt*; und da der Baum dort drüben steht und gerade erfährt, werde ich, falls ich dort hinübergehe, den Baum folglich sehen. Aber für den Baum ist es nicht notwendig, dass ich oder sonst irgendjemand sich in Bewegung setzt oder daran denkt; für die Stimmigkeit seiner Existenz ist er nicht abhängig von uns oder einer von uns angedachten Handlung. Die »dauernde und ununterbrochene Existenz«, von der Hume beobachtete, dass Menschen sie ihren Wahrnehmungen auf so widersprüchliche Art und Weise zuschreiben wollen, ist, wenn alles wahrnehmend ist, kein Widerspruch mehr, denn hier wissen wir endlich, was diese Existenz bedeutet: die einzige Sache, die wir je wissen können, und das ist die Erfahrung.

Vielleicht erkannte auch Hamlet das. Statt zu sagen: »Leben oder Nichtleben, das ist hier die Frage«, vereinigte er die Vorstellung von Leben – das heißt Erfahren – mit der des Existierens. In Hamlets Frage ist »Sein« gleichbedeutend mit »Erfahren«. Könnte das der Grund sein, weshalb drei kurze Wörter, die auf den ersten Blick nicht mehr ausdrücken, als dass ein unschlüssiger Mann Suizid erwägt, uns mit solcher Kraft gepackt haben?

Wenn Berkeley und Hume richtig damit liegen, dass sie die Vorstellung einer von jeglicher Erfahrung getrennten Existenz als unstimmig entblättern, legt das kartesianische Weltbild eine Bauchlandung hin. Das animistische Weltbild hingegen bleibt stimmig.

Ein häufiger Vorwurf gegen eine animistische Weltsicht wurde noch nicht untersucht: ihr vermeintlicher Anthropomorphismus. Animismus, so der Vorwurf, schreibe auf kindische Art und Weise nichtmenschlichen Wesen menschliche Eigenschaften zu. Das Kapitel »Füreinander bestimmt« setzt sich mit diesem Vorwurf auseinander und vergleicht dabei kartesianischen und animistischen »Anthropomorphismus«.

KAPITEL 7

Füreinander bestimmt

Worin sich der Kartesianismus als
vermenschlichend entpuppt
und für Atome keine Zufälligkeit existiert.

1

»Gibt es noch irgendeinen anderen Umstand, auf den Sie meine Aufmerksamkeit lenken möchten?«

»Auf das merkwürdige Ereignis mit dem Hund in der Nacht.«

»Der Hund hat in der Nacht nichts getan.«

»Genau das *war* eben das merkwürdige Ereignis«, bemerkte Sherlock Holmes.[99]

Der klassische Detektiv sieht Bedeutung in Ereignissen, wo andere sie nicht sehen. Krimiautoren fädeln bedeutsame Ereignisse in einen Strang bedeutungsloser Ereignisse ein und fordern die Leserschaft heraus, sie aufzuspüren.

Doch die Unterscheidung zwischen bedeutsamem und bedeutungslosem Ereignis täuscht. Nicht das Ereignis selbst ist bedeutsam; vielmehr ist Bedeutung eine Eigenschaft der *Beziehung* zwischen dem Ereignis und einem menschlichen Interpreten. Dass der Hund nicht bellte, hatte für Watson keinerlei Bedeutung, für Holmes aber schon, und schlussendlich ließ es ihn ein verschwundenes Rennpferd finden. Dass der Hund nicht bellte, hätte auch bei jemandem ohne ein Interesse an der Lösung des Falls keine Bedeutung hervorgerufen. Ebenso wenig hätte dieser Umstand eine Bedeutung gehabt, wenn Holmes ihm nicht nachgegangen wäre.

Hat eine Schneeflocke Bedeutung? Oder ein Stein? Das hängt ganz vom Interesse und der Expertise des Interpreten ab. Für einen Lawinenexperten auf Skitour ist die Schneeflocke ungeheuer bedeutsam. Fällt sie leicht und sternförmig, ergibt sie großartigen, sicheren Pulverschnee. Wird sie vom Wind aufgepeitscht und ihre Dendriten werden abgeschliffen, bildet sie zusammen mit anderen Flocken ein Schneebrett, das sich lösen und zur tödlichen Gefahr werden kann. Bildet sie beim Fallen einen großen Klumpen, heißt das, dass sich die Temperatur um den Gefrierpunkt befindet. Quietscht sie, wenn man mit Skistiefeln auf sie tritt, liegt die Temperatur bei minus acht Grad oder darunter. Ein Stein wiederum informiert die interessierte Geologin über die Naturgeschichte einer Gegend, über lang vergangene Abläufe, die Eigenschaften der Erde ringsum, den Säuregehalt der Luft und so weiter.

Ob bei Gebell, Schneeflocke oder Stein, zu *Bedeutung* kommt es, wenn eine interessierte Person mit einer bestimmten Expertise in einem Ereignis oder Objekt »liest« und dadurch Wissen gewinnt, das über das Ereignis oder Objekt hinausgeht. Dem Objekt (oder Ereignis) verleiht das eine Art Tiefe: Es ist nicht nur es selbst, sondern es erzählt auch eine Geschichte. Der Satz, den Sie gerade lesen, ist ein gutes Beispiel. Für eine interessierte Person mit der Expertise, Deutsch lesen zu können, ist er mehr als eine Reihung von Zeichen auf einem Blatt oder Bildschirm. Er geht tiefer. Er vermittelt etwas, das über ihn selbst hinausgeht. Für ein Baby ist er bedeutungslos, nichts als komische Krakel, Schnörkel und Striche.

Riecht Rotwild einen Wolf, will es Reißaus nehmen. Hat der Geruch für das Wild Bedeutung? Natürlich, er vermittelt tiefere Informationen – es ist nicht bloß ein Geruch, sondern er wird vom Wild auch als Nachricht interpretiert: eine Warnung, dass Gefahr naht. Gleichermaßen wird eine Nachricht von Baum zu Baum geschickt, wenn Bäume, deren Blätter von Giraffen gefressen werden, Pheromone aussenden, sodass Nachbarbäume Bitterstoffe in die eigenen Blätter schicken, damit die Giraffen sie meiden. Die Pheromone bedeuten für die Bäume etwas, und auf diese Bedeutung reagieren sie.

Da wir genauso wenig wissen können, wie es ist, ein Rotwild oder ein Baum zu sein, wie wir wissen können, wie es ist, eine Fledermaus zu sein, können wir nicht urteilen, wie sich die Bedeutung für sie *anfühlt* und wie stark sie dem ähnelt, was *wir* fühlen, wenn wir ein Ereignis oder Objekt interpretieren. Aber rein funktional gesehen handelt es sich um einen vergleichbaren Ablauf.

Wenn ein Kind in einem Bach einen Staudamm aus Steinen und Zweigen baut, reagiert das Wasser auf die Hindernisse und passt seinen Lauf an. Die meisten Menschen würden nicht sagen, dass das Wasser die Hindernisse »liest« und auf ihre Bedeutung reagiert, so wie Rotwild den Geruch des Wolfes »liest« und auf dessen Bedeutung reagiert oder Sie diesen Satz hier »lesen« und auf dessen Bedeutung reagieren. Andererseits würden manche eben genau das sagen.

•

Bedeutung ist also keine Eigenschaft, die einem Objekt oder Ereignis innewohnt, sondern sie entsteht aus einem Zusammenspiel zwischen dem Objekt oder Ereignis und einem interessierten Interpreten – den man sich in der Regel, wenn auch nicht immer, als menschlich vorstellt – mit zumindest einem Fünkchen Expertise. Zu sagen, eine Schneeflocke oder ein Stein oder ausbleibendes Gebell hätten eine oder keine Bedeutung, ist sinnlos, solange man nicht sagt, *für wen*.

Es gibt allerdings noch eine zweite Art von Sinn, für Menschen sogar noch wichtiger, dem die erste Art von Sinn als Modell oder Metapher dient. Das ist die große Art von Sinn, die wir meinen, wenn wir vom »Sinn der Existenz« sprechen, vom »Sinn des Lebens« oder der »Sinnlosigkeit des Kosmos«.

Die erste Art von Sinn kann normalerweise recht klar in Worte gefasst werden. Das ausbleibende Hundegebell bedeutete für Holmes, dass es sich beim Verbrechen um einen Insiderjob handelte; die Schneeflocke bedeutet für den Lawinenexperten, dass der Pulverschnee sicher ist (oder nicht); der Stein könnte für die Geologin bedeuten, dass sie sich in einem Gebiet befindet, das vor einigen Milliarden Jahren vulkanisch aktiv war; der Wolfsgeruch bedeutet für das Wild »Abhauen«; die Pheromone bedeuten für die Bäume: »Schickt Bitterstoffe in eure Blätter«. Diese Bedeutungen können allesamt als Nachrichten formuliert werden. Sie vermitteln ein Gefühl der Tiefe, weil man so nicht bloß die Oberfläche liest (der Hund bellte nicht), sondern etwas darüber hinaus (es war ein Insiderjob).

Die zweite Art von Sinn trägt keine Nachricht. Zu fühlen, dass das Leben »sinnvoll« ist, heißt nicht, dass man einen erklärenden Satz schreiben könnte, worin dieser Sinn bestehe. Die Aussage beschreibt vielmehr ein *Gefühl* der Erfüllung, der Zufriedenheit oder Erdung, der Akzeptanz oder des Friedens. Was die beiden Arten von Sinn miteinander verbindet und die erste zur Metapher der zweiten macht, ist, dass dieses zweite

Gefühl von Sinn in der Regel ein Gefühl der Tiefe mit sich bringt, von etwas jenseits der bloßen Oberfläche der Ereignisse und der Objekte der eigenen Erfahrung.

Diese Art von Sinn bekommen wir zu spüren, wenn wir etwa eine uralte Moschee betreten, einen Tempel oder eine Kathedrale, wenn wir ein künstlerisches Meisterwerk betrachten oder ein Musikstück hören, einem Kind beim Spielen zusehen oder eine überwältigende Landschaft erblicken. Wir sehen, was wir sehen, hören, was wir hören, aber *spüren*, wie sich tief in uns etwas Wichtiges regt. Natürlich nicht immer; wir müssen empfänglich sein, bereit, Sinn zu empfinden. Es ist möglich, in einer Kathedrale mit den Schultern zu zucken, ein Musikstück zu hören und völlig ungerührt zu bleiben.

Vielleicht lässt sich diese zweite Art von Sinn am einfachsten bestimmen, wenn wir an Zeiten denken, in denen wir ihn gar nicht empfunden haben – Zeiten der Verzweiflung, der Depression, Leere, Hohlheit: das Gefühl von *Sinnlosigkeit.*

Dass zwei Menschen derselben Musik begegnen können, demselben Kunstwerk oder Kosmos, und einer darin eine Sinnesfülle spürt und der andere völlige Sinnlosigkeit, unterstreicht abermals, dass nicht der Kosmos oder die Kalligrafie oder die Bachfuge bedeutsam oder bedeutungslos sind. Sinn und Sinnlosigkeit sind keine Eigenschaften, die bestimmten Objekten oder Ereignissen innewohnen; sie sind *menschliche Gefühle*, die aus dem Zusammenspiel zwischen Mensch und Objekt oder Ereignis entstehen.

Weil Sinn entweder Auslegungssache ist (in der ersten Version) oder ein Gefühl (in der zweiten), kann er sich natürlich nur innerhalb von *Erfahrung* ergeben. Von einer kartesianischen Warte aus, nach der erfahrende Subjekte (wie wir) einer leblosen Welt von Objekten (dem unbelebten Universum) gegenüberstehen, lässt sich Sinn somit ausschließlich im menschlichen Bewusstsein finden. Daher die weitverbreitete säkulare Ansicht, der einzige Sinn im Universum bestehe in jenem, den wir Menschen Dingen verliehen. Wir erschafften unseren Sinn, unsere Bedeutung. Sinn sei nicht *dort draußen*, sondern *hier drinnen*.

Eine Auswirkung dieses Weltbildes ist, dass das Universum seltsam vermenschlicht wird. *Sinn* gilt als menschlich; *Sinnlosigkeit* als Eigenschaft des Nichtmenschlichen. Auf den ersten Blick wirkt das völlig logisch; sieht man genauer hin, ist es alles andere als das. Es wirkt nur logisch, solange wir vergessen, dass sowohl Sinn als auch Sinnlosigkeit menschliche Gefühle sind. Sinnlosigkeit beschreibt jenes Gefühl von Verzweifeltheit, Depression, Leere, das Menschen manchmal überkommt. Zu sagen, das nichtmenschliche Universum zeichne sich durch Sinnlosigkeit aus, der Kosmos selbst sei sinnlos, entbehrt jeder Bedeutung, außer, man betrachtet die Aussage als eine nützliche, aber ungenaue Abkürzung für eine ganz andere Aussage, beispielsweise: »Wenn ich über den Kosmos nachdenke, verspüre ich Sinnlosigkeit.«

Das ist eine interessante Wendung. Normalerweise werfen Kartesianer Animisten vor, das Universum naiv zu anthropomorphisieren, also leblosen Objekten menschliche Züge zuzuschreiben. Allerdings würde kaum ein Animist etwas sagen wie der Physiker und Nobelpreisträger Steven Weinberg: »Je begreiflicher uns das Universum wird, um so sinnloser erscheint es auch.«[100] Weinberg nimmt hier das furchtbar unangenehme, durch und durch menschliche Gefühl der Sinnlosigkeit, löst es von sich als Person ab und schreibt es dem unbelebten Universum zu. Es ist, als würde er sagen, die Tapete habe keinen Hunger.[Y]

Demgegenüber hat die Animistin, die ja nicht in einer Welt lebloser, sondern erfahrender Objekte lebt, in einer Welt, die bis in die Fingerspitzen lebendig ist (obschon auf sehr nichtmenschliche Weise), nicht mal zu der logisch fundierteren Aussage Anlass: »Wenn ich über den Kosmos nachdenke, verspüre ich Sinnlosigkeit (oder Bedeutungslosigkeit).« Das Gefühl von Sinnlosigkeit taucht eher nicht auf in einer Welt, die vor so vielen Arten der Erfahrung übersprudelt. Erscheint uns die Welt nicht stumpf, neigen auch wir weniger dazu, uns von ihr abgestumpft zu fühlen.

2

Während einer öffentlichen Vorlesung, mitten in einer Erklärung, warum sich eine Idee nicht mit denselben Daten belegen lässt, die einen erst auf die Idee haben kommen lassen, schien der amerikanische Physiker Richard Feynman abrupt das Thema zu wechseln. Scheinbar ohne Bezug sagte er:

Y In seinem Buch *Der Traum von der Einheit des Universums* stimmt Weinberg dem zu und bezeichnet seine Aussage über das sinnlose Universum, die er in einem früheren Buch traf, als »unbesonnen«. Aber er berichtet auch, dass von 23 Kosmologen und Physikern 20 dieser Äußerung entweder zustimmten oder ihr widersprachen. Nur drei verwiesen auf die Unstimmigkeit à la Tapete/Hunger. Von diesen dreien sei die Astronomin Margaret Geller von der Universität Harvard am deutlichsten gewesen: »Warum sollte es einen Sinn haben? Was für einen Sinn? Es ist schlicht und einfach ein physikalisches System, wo soll da der Sinn liegen? Für mich war diese Aussage immer rätselhaft.« (Der zweite Wissenschaftler vermutete, Weinberg habe »einen schlechten Tag gehabt«, der dritte argwöhnte, er habe »mit dieser Bemerkung den Leser ärgern wollen«.)[101]

> Wissen Sie, heute Abend ist mir einfach die unglaublichste Geschichte passiert. Auf dem Weg hier ins Auditorium bin ich über den Parkplatz gegangen. Und Sie werden nicht glauben, was mir dort passiert ist. Ich habe ein Auto gesehen, das hatte das Nummernschild ARW 357! Können Sie sich das vorstellen? Bei den Millionen Nummernschildern hier im Bundesstaat, wie groß ist denn da die Wahrscheinlichkeit, dass ich ausgerechnet dieses eine heute Abend sehen sollte? Wahnsinn![102]

Kaum etwas regt Leute mit einem Sinn für Statistik so auf, wie wenn mathematisch Unbedarftere unwahrscheinlichen oder sehr unwahrscheinlichen Zufallsgeschehen *Bedeutung* beimessen. Eben darum ging es Feynman mit seinem Spott. Er wollte zeigen, wie überaus unwahrscheinlich es war, dass er genau in diesem Augenblick genau jenes Nummernschild zu Augen bekommen sollte. Er wollte zeigen, dass ständig überaus unwahrscheinliche Ereignisse geschehen – und nicht etwa, weil sie kosmisch bedeutsam wären, sondern einfach, weil nun mal die allermeisten Ereignisse unwahrscheinlich sind. Egal, welches Nummernschild Feynman gesehen hätte, hätte dies ein extrem unwahrscheinliches Ereignis dargestellt, und weil er unweigerlich ein Nummernschild sehen würde, wenn er über den Parkplatz ging, musste er ein derart unwahrscheinliches Ereignis sogar zwangsläufig erfahren.

Viele, viele Dinge geschehen durch reinen Zufall, und die allermeisten von ihnen sind extrem unwahrscheinlich. Selektiv jene willkürlichen Ereignisse mit Bedeutung aufzuladen, die einem selbst bemerkenswert erscheinen – »Eben habe ich an dich gedacht, und dann stehst du vor mir; Herrgott, als hätte es sein sollen« –, und gleichzeitig zig Millionen anderen unwahrscheinlichen Ereignissen, die man erfährt, keine weitere Bedeutung beizumessen, bloß weil sie eher banal und langweilig sind, stellte Feynman zufolge äußerst ungereimtes Denken dar.[Z]

•

Aber was kennzeichnet ein Ereignis eigentlich als »Zufall« oder »zufällig«? Der italienische Teilchenphysiker Carlo Rovelli dreht *Zufälligkeit* in etwa derselben Weise um, wie wir bereits *Bedeutung* umgedreht haben: nicht als Eigenschaft eines Ereignisses, sondern als Eigenschaft einer Beziehung zwischen einem Ereignis und einem Verstand:

> Wenn die ersten 26 Spielkarten eines Stapels durchweg rot und die nächsten 26 durchweg schwarz sind, reden wir von einer »besonderen« Zusammenstellung des Kartenspiels; es befindet sich in einem »geordneten« Zustand. Diese Ordnung verliert es beim Mischen. Diese Konfiguration […] ist besonders mit Blick auf die *Farben* der Karten – rot oder schwarz. Eine andere ist insofern besonders, als die ersten 26 Karten nur aus Herz oder Pik bestehen. Oder aus ungeraden, aus den am stärksten abgegriffenen oder aus genau denselben 26 Karten wie vor drei Tagen … oder wegen irgendeines anderen Charakteristikums.

Z Natürlich war Feynmans Abschweifung nur scheinbar ohne Bezug. Einem einmalig erblickten Nummernschild Bedeutung beizumessen, diente ihm als nettes Beispiel für sein umfassenderes Argument hinsichtlich der Fehlverwendung von Daten.

Beim genaueren Nachdenken ist *jedwede Zusammenstellung* speziell. Jede ist einzigartig, wenn ich *alle* Einzelheiten betrachte, weil jede Zusammenstellung etwas hat, das sie auf einzigartige Weise charakterisiert. So wie jedes Kind für seine Mama einzigartig und besonders ist.

Die Vorstellung, dass bestimmte Zusammenstellungen spezieller als andere seien (zum Beispiel 26 rote Karten, gefolgt von 26 schwarzen), ergibt nur dann einen Sinn, wenn ich mich auf die Betrachtung weniger Aspekte der Karten (zum Beispiel die Farbe) beschränke. Wenn ich alle Karten unterscheide, sind alle Zusammenstellungen gleichwertig: Dann gibt es keine mehr oder weniger besonderen. Die Vorstellung von »Besonderheit« ergibt sich erst dann, wenn ich das Universum auf unscharfe, annähernde Weise betrachte.[103]

Bezeichnet man einen Zustand oder ein Ereignis nicht als »besonders«, sondern als »zufällig«, beschreibt das also nicht das Ereignis selbst (den Zustand des Kartenstapels), sondern *unsere bewusste Einschränkung dessen, was wir daran bemerken.* Und oftmals entsteht diese Einschränkung nicht durch bewusste Auswahl, sondern durch *unseren Wissensstand über das Ereignis.* Eine zufällige, computergenerierte Zahl ist beispielsweise überhaupt nicht zufällig – vielmehr ist sie das Ergebnis eines so komplizierten Prozesses, dass wir ihm gar nicht folgen könnten. Aufgrund unseres mangelnden Wissens über den Zahlengenerator (was Rovelli als »unscharfe Betrachtungsweise« bezeichnet) und unseres Unvermögens zu berechnen, was sich aus diesem Zustand ergibt, können wir keine Prognose treffen, welche Zahl herauskommen wird. Gleichermaßen reflektiert die vermeintlich zufällige Bewegung von Molekülen in einem Gas (aufgrund deren Gase mit statistischen statt mit mechanischen Gesetzen beschrieben werden) keineswegs, dass Moleküle sich irgendwie zufällig verhalten würden. Tatsächlich verhält sich jedes einzelne Molekül auf seine eigene besondere Weise – allerdings gibt es so viele von ihnen, jedes mit seiner eigenen besonderen Masse, Ladungskonfiguration und Geschwindigkeit, dass es weit über unsere kognitiven und rechnerischen Fähigkeiten hinausginge, die Bewegung jedes einzelnen zu berechnen. »Zufällig« ist keine Charakterisierung des Systems selbst, sondern ein Codewort für *menschliches Nichtwissen und Unvermögen* angesichts komplexer Systeme – für die *Unschärfe* unseres Wissens.

Ein prototypisches Beispiel für einen Zufallsprozess ist der Zerfall eines Atoms eines radioaktiven Elements. Dank unserer statistischen Gesetze können wir berechnen, wie viele Atome in einer bestimmten Substanz über einen bestimmten Zeitraum zerfallen – das verrät uns die Halbwertszeit eines Elements. Doch zu prognostizieren, *welches* Atom in einer Probe *wann* zerfallen wird, liegt völlig außerhalb unseres Könnens: In anderen Worten, hier sind wir völlig unwissend. Und ebendieses völlige Unwissen macht zerfallende Atome zum Paradebeispiel für *völlige Zufälligkeit*. Derweil sitzt das Atom da und zerfällt entweder oder zerfällt nicht – für das Atom gibt es keine Zufälligkeit, keine Unbestimmtheit: Zu seiner Zeit tut es, was es tut, und basta. Wie bei den gut gemischten Spielkarten würde das Atom erst dann besonders statt zufällig, wenn wir in der Lage wären, »alle Karten zu unterscheiden«.

Es gibt viele Arten von Ereignissen, die wir nicht vorhersagen können. Dadurch unterscheiden sich diese Ereignisse nicht von jenen Ereignissen, die wir vorhersagen können; es bedeutet nur, dass wir manche Dinge um einiges besser vorhersagen können als andere, und manche überhaupt nicht.

Somit ist das Unterscheiden zwischen *zufälligen* und *nicht zufälligen* Ereignissen genauso illusorisch wie das zwischen *bedeutsamen* und *bedeutungslosen. Zufälligkeit* und *Bedeutung* beschreiben *Beziehungen* zwischen Menschen und Ereignissen – die *Zufälligkeit* beschreibt ein menschliches Unvermögen, Prognosen zu treffen, aufgrund einer Unschärfe, eines Mangels an Wissen, an Interesse oder Rechenkraft; *Bedeutung* beschreibt eine menschliche Fähigkeit, ein Ereignis auszulegen und so eine Nachricht über etwas anderes in ihm zu lesen oder angesichts des Ereignisses einfach bloß tiefe Erfüllung zu verspüren.

Ereignissen Zufälligkeit zuzuschreiben, ist also nur eine weitere seltsame Form der Vermenschlichung. An und für sich sind Ereignisse weder bedeutsam noch bedeutungslos, weder zufällig noch besonders. »Das war jetzt aber ein Zufall« bedeutet nicht mehr als: »Ich hätte das unter keinerlei Umständen vorhersagen können.« Wenn sich mathematisch Bewanderte also über mathematisch weniger Bewanderte lustig machen, weil die über »Zufälle« staunen – bedeutungslose Produkte reinen Zufalls –, vermenschlichen sie Phänomene gleich doppelt. Sie bezeichnen sie als sowohl »bedeutungslos« als auch »zufällig«, wenn doch beide Begriffe *menschliche Zustände* des Fühlens und Wissens beschreiben.

Was geschieht, geschieht. Menschen können Dinge als bedeutsam oder bedeutungslos erfahren, als zufällig oder als besonders, und sie beschreiben damit ihre Erfahrung, ihre

Beziehung zum jeweiligen Ereignis, wie sie ihm gegenüber empfinden oder wie sie es auslegen, was sie daran bewusst oder gezwungenermaßen unscharf betrachten, worauf sie sich konzentriert haben und was sie klar haben sehen können – all das anstelle des Ereignisses an sich.

Und das sollte auch kaum überraschen. Schließlich ist die Vorstellung eines *Ereignisses an sich*, wie wir gesehen haben, eine unstimmige.

3

Sobald wir erkennen, dass »zufällig« und »bedeutungslos« nicht Eigenschaften von Ereignissen sind, sondern von Menschen, verschwinden gewisse vorgefertigte Meinungen. Feynmans Nummernschild war weder zufällig noch bedeutungslos. Eigentlich hätte er sagen können: »Mir standen keinerlei Mittel zur Verfügung, um vorherzusagen, welches Nummernschild ich dort vorfinden würde« oder »Das Nummernschild interessierte mich weder als Interpretationsgegenstand noch vermittelte es mir ein Gefühl großer Tiefe.« Für den Fahrer, der sein Auto vor der Bibliothek parkte, war es wohl kaum zufällig, dass sein Nummernschild sich genau dort befand; es befand sich haargenau dort, wo er hatte parken wollen. Und für den Streifenpolizisten, der bemerkte, dass das Nummernschild zu einem kürzlich gestohlenen Auto gehörte, enthielt das Schild eine klare und bedeutsame Nachricht: »Gestohlene Karre«.

Was geschieht angesichts dieses neuen Verständnisses von Zufall und Bedeutung mit dem Misstrauen der Statistiker gegenüber »bedeutsamen Zufällen«? Nehmen wir etwa Anton und Anna, die sich jahrelang nicht gesehen hatten. Eines Tages, in einer Stadt im Ausland, in der keiner von beiden lebte, liefen sie, als sie gerade um eine Ecke bogen, wortwörtlich ineinander. Zehn Tage später waren sie ein Paar; fünfzig Jahre später sind sie noch immer zusammen. Ihr unerwartetes Aufeinandertreffen zeigte ihnen, dass sie füreinander bestimmt waren. Für Anton und Anna ist dieser »Zufall« weder bedeutungslos noch zufällig. Ein Statistiker hingegen – und viele von uns würden ihm zustimmen – könnte sagen, das Treffen sei sowohl zufällig als auch bedeutungslos gewesen, dass aber Anton und Anna eine Bedeutung hineingelesen hätten, wahrscheinlich, weil sie einander sehr mochten und glauben wollten, sie seien eben füreinander bestimmt.

Wenn wir mal aufhören, den Vorfall zu vermenschlichen, indem wir ihn als »zufällig« oder »bedeutungslos« bezeichnen – Eigenschaften, die unmöglich auf das Ereignis selbst zutreffen können –, bleibt uns ein Vorfall, der genau wie alle anderen *einfach geschah*. Für Anton und Anna ist er bedeutsam, weil er ihnen jenes Gefühl gibt, das wir empfinden (solange wir dafür empfänglich sind), wenn wir einen antiken Tempel betreten oder schöne Musik hören – jenes Gefühl der Richtigkeit, Akzeptanz, von Tiefe, dem wir das Wort »bedeutsam« zuordnen. Der Vorfall ist nicht zufällig, denn kein Ereignis ist an und für sich je zufällig – jedes ist gleichermaßen besonders, so wie jedwede Zusammenstellung in Carlo Rovellis Kartenspiel. Das Treffen erscheint nur dann zufällig, wenn wir die Welt unscharf betrachten, uns auf bestimmte Aspekte beschränken (etwa die Farbe der Spielkarten oder die Intention und Vorhersehbarkeit des Treffens) und alle anderen ausklammern. Somit ist die Behauptung des Statistikers, Antons und Annas Treffen sei an und für sich zufällig und bedeutungslos, an und für sich selbst unstimmig.

•

Animismus gilt oftmals als der Gipfel des Anthropomorphismus. Er gilt als Weltanschauung, in der, laut dem Archäologen Graeme Barker, »nichtmenschliche Tiere nicht nur wie Personen sind, sondern Personen sind«[104] – wie Nikolai Lichatschews Rentier im Kapitel »Zombies, Gürteltiere und Quadratwurzeln«. Es wirkt wie Anthropomorphismus, die Erde als Mutter mit Haut, Knochen und Haaren zu betrachten – wie Smohalla im Kapitel »Raben, Elch und Wunderwaffen« – oder – wie die Jäger und Sammler der Nayaka in Südindien – »die lokalen Geister zum Essen einzuladen«[105] und den Wald als Elternteil zu betrachten.

Allerdings muss hier vermerkt werden, dass von einem streng kartesianischen Standpunkt aus, laut dem nichtmenschliche Tiere, Pflanzen und unbelebte Objekte ja keine Erfahrenden sind, die Behauptung, sie seien es eben doch, zwingend anthropomorphisch ist – schon allein, weil in der kartesianischen Sicht Menschen die *einzigen* Erfahrenden sind, erfahrend zu sein also bedeutet, wie ein Mensch zu sein. Von einer animistischen Warte aus, der zufolge *alles erfahrend ist*, trifft das nicht zu. Und anders als sich Barkers Aussage interpretieren ließe, sind sich animistische Völker des Unterschieds zwischen Menschen und nichtmenschlichen Tieren, Pflanzen und Steinen sehr wohl bewusst. Das gesamte Konzept der Gestaltwandlung, der Schamanin, die »aus den Grenzen der Wahrnehmung hinausschlüpfen« muss, »um den anderen Kräften des Landes zu begegnen und von ihnen zu lernen«, beruht auf der Vorstellung, dass sich Menschen und andere Wesen radikal voneinander unterscheiden.

Den Jukagiren, die von Tieren als »Leuten« reden, ist dieser Unterschied völlig klar, und wie Rane Willerslev[106] schreibt, treffen sie Vorkehrungen, um nicht zu weit in die »Andersheit« der Elche, die sie jagen, hinüberzugleiten. Wenngleich ein Jagdtag damit beginnt, »seinen Körper zu öffnen« und so zu einer »Tabula rasa« zu machen, »auf die sich eine Tieridentität legen kann« – eine Prozedur, die es dem Jäger ermöglicht, ein anderes Tier zur »Selbstaufgabe« zu verführen –, löst dieses Sich-Öffnen auch Ängste aus, man könnte das »menschliche Person-Sein verlieren«. Um am Ende nicht »zwischen der menschlichen und tierischen Welt gefangen« zu sein, versammeln sich Jäger rituell am Ende des Tages. Bei diesen Versammlungen gelten »Sprache und Geruch« des Menschen als »magische Werkzeuge, um die Andersheit aus dem Selbst zu vertreiben und die eigene menschliche Identität wiederaufzubauen«. Die Möglichkeit, diese Identität zu verlieren und zu einem *syugusuy suroma* zu werden – einem wilden Mann des Waldes, gefangen in einem Grenzzustand zwischen Tier und Mensch –, ist der Grund, warum Nikolai Lichatschew Panik ergreift, als ihm klar wird, dass er bei der Rentierherde lebt und dort »nicht hingehört«, worauf er Hals über Kopf nach Hause rennt. Er rennt wortwörtlich um sein Leben.

In diesem Bewusstsein für die Unterschiedlichkeit, die völlige »Andersheit« nichtmenschlicher Erfahrung ist der Animismus alles andere als anthropomorphisch. Er anerkennt, dass der Jaguar, der Baum, der Fluss und der Berg allesamt *erfahren* – aber gerade weil sie alle erfahren, ist Erfahrung hier keine rein menschliche Eigenschaft wie für den Kartesianer. »Unbelebten« Objekten Erfahrung zuzuschreiben, ist also nur vom kartesianischen Bezugssystem aus betrachtet anthropomorphisch, und dort zwingend.

Sobald wir aus dem kartesianischen Bezugssystem heraustreten, definiert sich Anthropomorphismus dadurch, ob andere Erfahrende wie Menschen betrachtet werden oder nicht. Gerade die Besonderheit der gestaltwandelnden Schamanin und die sorgsamen Heimkehrrituale der jukagirischen Jäger verdeutlichen, dass Animisten anerkennen, wie ungeheuerlich sich nichtmenschliche Erfahrung von der menschlichen unterscheidet.

Zugleich nimmt der Animismus an, dass wir diese anderen, sehr nichtmenschlichen Erfahrenden in gewissem Maße kennenlernen können, so wie wir auch eine andere Person kennenlernen können, die ganz anders ist als wir selbst, oder ein Tier wie einen Hund oder eine Katze, die sich sogar noch mehr von uns unterscheiden. Ein solcher Kontakt ist bei David Abram schön beschrieben, als die »gesteigerte Empfänglichkeit für die sinntragenden Äußerungen, mit denen das größere, mehr-als-menschliche Feld um uns wirbt – Gesänge, Rufe, Gebärden«.

Es ist albern – und respektlos –, beispielsweise einen Hund zu behandeln, als wäre er ein Mensch. Er ist keiner. Wir können nie erfahren, wie es ist, ein Hund zu sein, genauso wenig, wie wir wissen können, wie es ist, eine Fledermaus zu sein. Doch anzuerkennen, dass der Hund ein *Ort der Erfahrung* ist und welchen lebendigen Kontakt zwischen Mensch und Hund das ermöglicht, ist grundlegend für jegliche Beziehung zu dem Hund. In diesem Sinn ist der Hund eine »Person«, das heißt, ein weiterer Erfahrender. Im Animismus erstrecken sich dieser Respekt vor Unterschiedlichkeit und die gleichzeitige Wertschätzung nichtmenschlicher Erfahrung über Tiere hinaus auf Bäume, Flüsse und Steine – mit Achtung davor, dass die Erfahrungsarten dieser Wesen sogar noch weiter von den eigenen entfernt liegen.

Animismus ist kein Glaube, dass Steine im biologischen Sinn lebendig wären: dass sie atmeten, wüchsen, ernährt würden, Ausscheidungen absonderten, sich fortpflanzten und weiterentwickelten. Vielmehr verbindet der Animismus Erfahrende – etwa mich und den Stein – in einer weniger einseitigen als beidseitigen Beziehung, und zwar indem er die Grenze zwischen Erfahrung und Existenz tilgt. Und wenn der Sinn, in dem der Stein als erfahrendes Wesen gilt, auch nichtanthropomorphisch sein mag – der Stein also als etwas ganz anderes als ein Mensch oder selbst eine biologische Lebensart gilt –, ist es doch so, dass, wenn man einen Stein wirklich kennenlernt, ihn in unterschiedlichsten Lichtverhältnissen sieht, von heller Sonne über Gewitter und Mondschein bis zu völliger Dunkelheit, ihn aus allen Winkeln betrachtet und zu allen Jahreszeiten, ihn riecht und berührt und erinnert, sich von seinen Facetten bannen lässt und von seinen Flechten und wechselnden Schattenwürfen, man das Dasein des Steins irgendwann ganz anders empfindet als das eines »leblosen«, kartesianischen Objekts. Im animistischen Weltbild können wir einen Stein so kennenlernen, wie wir einen Hund kennenlernen können, trotz der riesigen, der unvorstellbaren Unterschiede, wie wir jeweils die Welt in uns aufnehmen.

•

Anthropomorphismus ist ein speziell kartesianisches Übel. Er entsteht erstens, wenn nicht anerkannt wird, dass die Vorstellung einer separaten Existenz von Subjekt und Objekt, Wahrnehmendem und Wahrgenommenem, Tänzer und Tanz unstimmig ist; und zweitens, wenn Eigenschaften, die Zustände menschlichen Wissens und Fühlens beschreiben – Eigenschaften wie *Zufälligkeit* und *Sinnlosigkeit* – diesen vermeintlich separat existierenden Objekten zugeschrieben werden.

Der Animismus steht über diesem Übel. Er steht darüber, weil er von vornherein keine Erfahrung einer Absonderung ist, sondern einer Beziehung, in der Wahrnehmung ein Tanz zwischen wahrnehmenden Partnern ist, nicht das Eindringen eines Bewusstseins in eine leblose und unabhängig existierende Welt. Und gerade weil der Hund oder der Baum oder der Fluss nicht bloß *wahrgenommen* werden, sondern auch *Wahrnehmende* sind – weil sie selbst als *erfahrend* respektiert werden –, besteht keine Notwendigkeit, *unsere* Erfahrung auf sie abzuladen. Hier sind sie keine leeren Seiten mehr, die wir törichterweise mit unseren eigenen Gedanken und Gefühlen beschriften. Es gibt Berührungspunkte und Fragezeichen. Sie sind nicht wir. Sie gehören sich selbst.

Animismus ist nur aus kartesianischer Sicht unvermeidbar anthropomorphisch, und die kartesianische Sicht ist dank ihres Beharrens, Existenz und Erfahrung seien voneinander getrennt, unstimmig (was ersichtlich wird, wenn eine Kartesianerin versucht, »Existenz« zu definieren). Genau genommen betont Animismus keine Gleichheiten zwischen menschlicher und nichtmenschlicher Erfahrung, sondern gerade ihre radikalen Unterschiede – der Kartesianismus hingegen ist in ein paar ausgeprägten, wenn auch versteckten Anthropomorphismen verfangen.

Mit dem Kapitel »Füreinander bestimmt« kommen wir zum Ende unseres Rundgangs durch die animistische und die kartesianische Weltsicht. Jetzt sind wir gut ausgestattet, um zu Lynn Whites These über unsere ökologische Krise zurückzukehren. White behauptete, wir könnten dieser Krise nur wirksam entgegentreten, indem wir uns einer »praktikablen Entsprechung zum Animismus« zuwendeten. Im Fazit »White bringt unsere Welt zum Wackeln (II)« überlegen wir nun, wie praktikabel und wünschenswert eine solche »neue Religion« denn wäre.

FAZIT

White bringt unsere Welt zum Wackeln (II)
Worin Spüren über Denken gestellt und ein Kindheitsort zum Hoffnungsträger wird.

In einem Artikel von 1973, »Eine Fortsetzung des Gesprächs«[107], stellt Lynn White eine provokative, manche würden sagen absurde Frage, die seine These auf den Punkt bringt: »Sind Menschen gegenüber Steinen ethisch verpflichtet?« Er beantwortet sie wie folgt:

> Für jemanden aus dem alten Griechenland oder einen amerikanischen Ureinwohner, vielleicht auch für manche Anhänger des Buddhismus, hätte die Frage einen Sinn. Aus ganz unterschiedlichen Gründen würden sie wahrscheinlich mit »Ja« antworten, und ihre Antworten würden weniger eine Ethik des Eigennutzes widerspiegeln als Vorstellungen von der Beschaffenheit der Realität. Doch für fast alle Amerikaner, noch immer voller Ideen, die historisch im Christentum vorgeherrscht haben, ergibt diese Frage [...] keinerlei Sinn. Sollte eine derartige Frage einst einer kritischen Masse nicht mehr lächerlich erscheinen, könnten unsere Wertstrukturen sich dahingehend wandeln, dass Maßnahmen zur Bewältigung der wachsenden ökologischen Krise ermöglicht würden. Es bleibt nur zu hoffen, dass noch genügend Zeit bleibt.

White kontrastiert hier eine »Ethik des Eigennutzes« mit »Vorstellungen von der Beschaffenheit der Realität«. Er stellt die radikale These auf, dass uns eine eigennützige Ethik (definiert als basierend auf der Frage: »Wenn wir dem biologischen System schaden, gibt es dann nicht irgendwann eine Gegenreaktion, die *uns* schadet?«) nie und nimmer aus der Krise bringen wird. Solange wir die Regenwälder, das Arctic National Wildlife Refuge, die bestäubenden Insekten, unsere (erdgeschichtlich betrachtet) niedrigen Temperaturen, die Eisbären, Pinguine und Blauwale, die Bodenfruchtbarkeit und heilenden Wälder[AA] nur schützen wollen, damit *wir* weiter von ihnen profitieren oder als Individuen oder als Spezies überleben können, denken wir eigennützig, auf unseren eigenen Vorteil bedacht. Sollten wir hingegen einst den Punkt erreichen, wo wir uns Steinen gegenüber ethisch verpflichtet fühlen, hätten wir ebenjenen Sprung zur »praktikablen Entsprechung zum Animismus« gemacht, mit seinen andersartigen »Vorstellungen von der Beschaffenheit der Realität«.

Es gibt ein paar wenige Anhaltspunkte, dass wir uns heute kurz vor einem solchen Sprung befinden könnten. So verankert die Verfassung der Schweiz den Respekt vor der »Würde der Kreatur«[108], samt »Tieren, Pflanzen und anderen Organismen« – was zwar vor Gestein gerade noch Halt macht, sich aber doch in diese Richtung bewegt.[AB] Die ecu-

AA Erwiesenermaßen senkt der bloße Aufenthalt in einem Primärwald den Blutdruck. (Moderne Nutzwälder, im Grunde Baumplantagen, wirken sich hingegen nicht auf den Blutdruck aus.)

AB Um die in der Verfassung verwendeten Begriffe zu erläutern, gründete der Schweizer Bundesrat die Eidgenössische Ethikkommission für die Biotechnologie im Ausserhumanbereich (EKAH). 2008 veröffentlichte die Kommission ihre Ergebnisse in dem Bericht »Die Würde der Kreatur bei Pflanzen. Die moralische Berücksichtigung von Pflanzen um ihrer selbst willen«. Wenngleich die adorianische Verfassung von 2008 geht noch einen Schritt weiter und erklärt, die Natur (Pachamama) besitze

> das Recht, dass die Existenz, der Erhalt und die Regenerierung ihrer Lebenszyklen, Struktur, Funktionen und Evolutionsprozesse respektiert werden [ebenso wie das] Recht auf eine vollständige Wiederherstellung.[109]

Derweil arbeitet die NGO Ecological Defence Integrity daran, dass »Ökozid« – die Zerstörung eines Ökosystems, egal aus welchem Grund – völkerrechtlich zu einem Verbrechen gegen die Menschlichkeit erklärt wird.[AC] Und 2015 schrieb Papst Franziskus in seiner Enzyklika *Laudato Si'*:

> Wenn wir uns der Natur und der Umwelt ohne diese Offenheit für das Staunen und das Wunder nähern, wenn wir in unserer Beziehung zur Welt nicht mehr die Sprache der Brüderlichkeit und der Schönheit sprechen, wird unser Verhalten das des Herrschers, des Konsumenten oder des bloßen Ausbeuters der

Kommissionsmitglieder einhellig befanden, »dass Pflanzen unter Umständen […] zu schützen sind, […] weil sie für den Menschen von Nutzen sind«, kämpften sie mit der »zentrale[n] Frage, ob Pflanzen einen Eigenwert haben und deshalb auch um ihrer selbst willen zu schützen sind«.[110] Man erreichte keinen Konsens, und so enthält der Bericht Mehrheits- und Minderheitenansichten zu sieben Schlüsselaspekten der Frage.

AC Wenngleich der Begriff »Verbrechen gegen die Menschlichkeit« scheinbar eine anthropozentrische Sichtweise offenbart, schafft die Aufnahme von Ökozid in dieselbe Kategorie wieder faire Verhältnisse. Zwar ist der Begriff klar anthropozentrisch, doch hat ihn die Ecological Defence Integrity[111] sozusagen geerbt und muss, um nichtanthropozentrischen Zwecken zu dienen, mit ihm arbeiten.

> Ressourcen sein, der unfähig ist, seinen unmittelbaren Interessen eine Grenze zu setzen. Wenn wir uns hingegen allem, was existiert, innerlich verbunden fühlen, werden Genügsamkeit und Fürsorge von selbst aufkommen. Die Armut und die Einfachheit des heiligen Franziskus waren keine bloß äußerliche Askese, sondern etwas viel Radikaleres: ein Verzicht darauf, die Wirklichkeit in einen bloßen Gebrauchsgegenstand und ein Objekt der Herrschaft zu verwandeln.[112]

Auffallend Ähnliches kommt aus einer ganz anderen Richtung, dem relativ neuen Bereich der Informationswissenschaft. Luciano Floridi, Professor für Philosophie und Informationsethik am Oxford Internet Institute, zitiert beifällig Whites These unserer ethischen Verpflichtung gegenüber Steinen; Floridi argumentiert für ein »ontisches Vertrauen«, das sogar über Umweltethik hinausginge:

> Bioethik und Umweltethik erreichen keine völlige Unparteilichkeit, weil sie gegenüber dem Unbelebten, Leblosen, Immateriellen oder Abstrakten noch immer voreingenommen sind. [Die Informationsethik] zielt darauf ab, dass alle Entitäten als Informationsobjekte einen intrinsischen moralischen Wert besitzen, wenn dieser auch recht minimal und überschreibbar sein mag, und somit als Objekte moralischen Handelns gelten können …[113]

Dass etablierte Regierungen, religiöse Oberhäupter, Umweltaktivisten und Computerwissenschaftler sich allesamt dem

Punkt nähern, an dem die Frage zu den Steinen »nicht mehr lächerlich« wirkt, hätte White vielleicht Hoffnung gegeben.

•

Whites Beharren, ein völlig neuer Blick auf die Welt sei vonnöten (anstelle einer stärker vernunftgesteuerten Ethik), gründet teils im Glauben, dass *Denken* allein nie reiche; dass Berechnungen, wie sich eine bestimmte Handlung oder Politik oder Technik auf uns Menschen auswirkt, kaum je vorausschauend genug gewesen wären, um die langfristigen Auswirkungen auf unseren Planeten in ihrer Gesamtheit wirklich zu fassen. Statt nur zu *denken*, so White, müssten wir *spüren* – angesichts der Zerstörung einer Landschaft oder eines Ökosystems, egal in welchem Ausmaß, echten Schmerz spüren, so wie die australischen Aborigines und Smohalla im Kapitel »Raben, Elch und Wunderwaffen«. Und so schreibt er Folgendes:

> Ein Dualismus zwischen Mensch und Natur ist tief in uns verwurzelt, [und] zweifelsohne bleiben wir unfähig, unsere Haltungen und Handlungen gegenüber der Ökologie grundlegend zu ändern, solange dieser Dualismus nicht beseitigt ist, beseitigt nicht nur aus unserem Verstand, sondern auch aus unseren *Emotionen*.[114] [Kursivierung A. C.]

Weiter betont er, wie wichtig es sei, was wir »auf *subverbaler* Ebene« glaubten, »darüber, wer [wir] sind, über [unsere] Beziehung zu anderen Menschen und der Welt der Natur und über [unser] Schicksal«[115]. [Kursivierung A. C.]

Dieses tiefe Gefühl bedeutet nicht, dass wir nie einen Baum fällen, nach einer Mücke schlagen oder einen Stein verschieben würden. Immerhin sind die meisten animistischen Kulturen Jagdkulturen. Aber es bedeutet, dass wir, wenn wir denn einen Baum fällen, nach einer Mücke schlagen oder einen Stein verschieben, es mit einem Bewusstsein für die Auswirkungen unseres Handelns auf ein anderes erfahrendes Wesen tun, auf den »gleichberechtigten spirituellen Partner«, von dem Yuval Harari im Kapitel »Der Gute Bischof« spricht; und dass wir es tun, weil wir auf emotionaler, subverbaler Ebene unser eigenes Bedürfnis gegen die ethische Verpflichtung dem erfahrenden Wesen gegenüber abgewogen haben. Luciano Floridi zufolge ist unsere ethische Verpflichtung gegenüber Steinen vielleicht »recht minimal und überschreibbar« – aber sie ist da, wir empfinden sie und beziehen sie unterschwellig in unsere Entscheidungen mit ein.

Mit Leuten, die lediglich »ein Spiegelbild des alten Mensch-Natur-Dualismus schaffen, indem sie darauf beharren, der Mensch habe keinerlei ›Rechte‹ gegenüber denen des Karibus« macht White kurzen Prozess und bezeichnet derlei Vorstellungen als »romantische Spielart ökologischer Schwärmerei«[116]. Die Bedeutung der von White geforderten Entsprechung zum Animismus liegt nicht darin, dass sie unser Eigeninteresse aushebeln würde, sondern dass sie dieses Eigeninteresse mit Gefühl gegenüber der mehr-als-menschlichen Welt ins Gleichgewicht bringt und es nicht einfach durch Berechnungen potenzieller negativer Auswirkungen auf uns qualifiziert. Und es ist wenig wahrscheinlich, angesichts einer zerstörten Landschaft Schmerz zu verspüren, wenn man nicht zuvor auf irgendeiner Ebene die Eigenständigkeit dieser Landschaft anerkannt hat, sie als einen Ort der Erfahrung wahrgenommen und dementsprechend als etwas mit intrinsischem moralischem Wert empfunden hat.

•

White schlägt eine *Entsprechung* zum Animismus vor. Ihm ist völlig klar, dass die meisten von uns nie Zugang zur Erfahrung eines ursprünglichen Animismus finden werden. Mit der Ausnahme einzelner außergewöhnlicher Völker in abgeschiedenen Erdteilen ist uns die intime direkte Erfahrung der wilden Welt, fester Bestandteil historischer und prähistorischer Animismen, verloren gegangen.[AD] Die meisten von uns *können* gar keinen mentalen Raum bewohnen, in dem, wie David Abram im Kapitel »Raben, Elch und Wunderwaffen« sagt, ein »lokaler Erd-Teil gleichbedeutend [ist] mit der Bedeutungsmatrix der gesprochenen Sprache«. Nicht nur haben wir unsere Beziehung zu unseren lokalen Erdteilen verloren – die meisten von uns sind mit einer ausgesprochen kartesianischen Weltsicht aufgewachsen und werden ihr nie ganz entkommen.

Doch glücklicherweise verfügen wir alle über extensive animistische Erfahrung – denn es gibt eine Zeit, in der wir noch nicht mit einer kartesianischen Weltsicht aufwachsen. Selbst in einer kartesianischen Gesellschaft ist das Weltbild des Babys, des Kleinkinds und kleinen Kindes im Grunde ein animistisches – alles, worauf sehr junge Menschen treffen, wird in irgendeiner Weise als lebendig und erfahrend wahrgenommen. Tiere, Blumen, ein Kieselstein, eine Pfütze,

AD Und das ging nicht passiv vonstatten. Größtenteils wurde sie gewaltsam zerstört, durch eine Mischung aus Kolonialismus, missionarischer Aktivität, wirtschaftlicher Ausbeutung und Ressourcengewinnung.

ein Blitz – in den Augen kleiner Kinder sind sie voll tiefer Bedeutung und Handlungsmacht. Kinderbücher sind voll von Tieren und verzauberten Gegenständen, und auf einem Waldboden können sich Kinder endlos und tiefgreifend beschäftigen. Den meisten von uns wurde diese Welt magischer Bedeutung aberzogen – aber gerade weil wir einst in ihr lebten, können wir bis zu einem gewissen Grad auch wieder in ihr leben.

Und diese Kindheitserfahrung von Animismus mag durchaus der Grund sein, warum viele von uns tatsächlich Schmerz verspüren, unmittelbar und heftig, wenn wir einen vom Tagebau kahlen Hügel sehen, einen gerodeten Wald oder eine Pipeline, die die Tundra durchschneidet. Dieser Schmerz entstammt etwas Tieferem als einer Berechnung, wie ein zerstörtes oder unterbrochenes Ökosystem sich letztlich auf *uns* auswirken könnte – er enthält etwas sehr viel Instinktiveres. Etwas, das durch kalkulierendes Gerede über die Notwendigkeit von Wirtschaftswachstum, über den Preis des Fortschritts und den Imperativ menschlicher Bedürfnisse und Wünsche nicht ausgelöscht werden kann, selbst wenn uns im selben Zuge suggeriert wird, unsere Gefühle seien kindisch und irrational. Derlei kalkulierendes Gerede hat recht: Unsere Gefühle sind hier tatsächlich kindisch und irrational, im besten Sinne beider Worte. Sie entstammen dem spärlichen Rest des noch in uns vorhandenen Animismus, übrig geblieben von der Urgeschichte unserer Spezies und unseren eigenen jüngsten Tagen. Er ist da. Man muss gar nicht so lange nach ihm suchen.

•

Natürlich könnte White auch unrecht haben. Vielleicht können wir, als gute Kartesianer, mit einer Mischung aus anthropozentrisch motiviertem Umweltschutz, wohlverstandenem Eigeninteresse, einer Vernunftethik und weisen Nutzung neuer Technologien die gegenwärtigen verbundenen Krisen eines sich erwärmenden Planeten und des dramatischen Verlusts an Artenvielfalt überwinden. Vielleicht müssen wir ja doch keine Animisten werden. Vielleicht können wir unseren Kindern eine bewohnbare Welt hinterlassen, selbst »ohne dass bestehende Vorstellungen geopfert werden müssten«.[AE]

Aber nachdem wir nun diese Annahmen untersucht und sie mit denen des Animismus verglichen haben – wollen wir sie da überhaupt noch?

Viele von uns fühlen sich heute entfremdet von der Welt, beklemmt von der Bedeutungslosigkeit der leblosen, unabhängigen physischen Existenz, die wir nichtlebenden und auch oft lebenden Objekten zuschreiben, wenn sie sich denn stark von uns unterscheiden. Wir sehnen uns nach einer kindlichen Naivität, an die wir uns vage erinnern, die alles lebendig und voller Bedeutung erscheinen ließ. Unsere Anerziehung einer kartesianischen Welt von Subjekt versus Objekt, Existenz versus Erfahrung, Körper versus Geist entreißt uns sowohl dem Zauber der Kindheit als auch jenem Zauber, von dem sich animistische Gesellschaften umgeben wussten und umgeben wissen. Diese Erziehung lässt uns – ebenso

AE Laut dem Soziobiologen Eckart Voland hat White aus einem ganz anderen Grund unrecht. Voland führt eine Reihe von Beispielen an, in denen traditionelle (»indigene«) Völker »eigene Existenzgrundlagen vernichtet« hätten, und behauptet, »seriöse Belege für den ökologisch ›edlen Wilden‹«[117] seien ausgesprochen rar. Für Voland entstammt der nachhaltig lebende Animist der Romantik und Filmen. (Für eine Anfechtung von Volands These durch Pierre L. Ibisch und Norbert Jung vgl. den Anhang dieses Buches.)

wie die »sinnlose« leblose Welt, in die unser Bewusstsein gedrungen sein soll – am Ende leer zurück.

Dieses Buch wollte zeigen, dass eine Erziehung, die uns einer Welt universeller Erfahrung entreißt und uns in eine setzt, wo *Bewusstsein* und *Existenz* in einem unstimmigen, sinnlosen Wettkampf stehen, eine verfehlte Erziehung ist, die selbst nach ihren eigenen Standards nicht überzeugt. Ich denke, wir »Gebildeten« sollten nicht versuchen, zur Rettung unseres Planeten zu »Entsprechungen von Animisten« zu werden. Das wäre berechnend, manipulativ und am Ende nutzlos, Whites subverbale Ebene würde es kaum berühren. Wir könnten aber erwägen, Animismus um unser selbst willen ernst zu nehmen, um selbst stimmig und sinnvoll zu leben. Erst wenn sich derlei Erfahrung setzt, kann sie subverbal werden und uns zurück an jenen Kindheitsort führen, den wir vor so langer Zeit hinter uns ließen. Wenn genügend Menschen an dieser Art subverbaler Erfahrung teilhaben, dann wäre die resultierende Rettung unseres Planeten nicht mehr das Erreichen eines Zieles mit großen Opfern, sondern Nebenwirkung einer Gefälligkeit an uns selbst.

Die noblen Wilden oder: War es früher auch nicht besser?[118]

Pierre L. Ibisch und Norbert Jung, in:
Der Mensch im globalen Ökosystem

Seit der Zeit der Aufklärung wird kontrovers diskutiert, ob die »Naturvölker« noch im Einklang mit der Natur lebten und die Umweltzerstörung und das nicht nachhaltige Verhalten uns erst von der Kultur beschert wurden. Der deutsche Soziobiologe Eckhardt [sic] Voland bestreitet die Position eines Nachhaltigkeitsweltbildes bei traditionellen (»indigenen«) Völkern nachdrücklich (Voland 2006). Voland führt Beispiele von Raubbau auf, die zeigen, dass auch bei heutigen traditioneller lebenden Völkern, wie den Maya, Yanomami, Piru, u. a. eine »nachhaltige« Haltung nicht vorhanden sei, dass die Menschen ohne Rücksicht auf Bestandserhaltungen alles genutzt hätten, was sie erlangen konnten. Dabei hätten sie in einer Reihe von Beispielen auch eigene Existenzgrundlagen vernichtet. Unter Bezugnahme auf Ridley hält Voland »seriöse Belege für den ökologisch ›edlen Wilden‹« für ausgesprochen rar. Die Vorstellung vom »edlen Wilden«, der aus Einsicht die Natur schont, sei moderner Romantizismus. Die berühmte »Verzeihung, Hirsch, dass ich dich töten musste«-Haltung stamme aus einem Film. Und selbst wenn es dieses Ritual gegeben haben sollte, meint Voland: »Der

Hirsch war in jedem Fall tot.« Schon der lakonische Ton Volands erweckt den Verdacht, dass hier etwas bewiesen werden soll: Die traditionellen Völker waren auch nicht viel besser als wir …! Dagegen berichten Diamond (2006) und Roszak (1994) über zahlreiche überzeugende Beispiele nachhaltigen Umgangs mit Naturressourcen bei unterschiedlichen traditionellen Völkern bis hin zu entsprechenden religiösen Verhaltensvorschriften.

Der Nachhaltigkeitsphilosoph Meyer-Abich weist dagegen auf etwas Wichtiges hin: Rituale von Naturvölkern hätten zumindest eine Übernutzung gehindert oder verringert. Wenn in einer animistischen Kultur ein junges Paar einen Baum fällen wollte, um ein Haus zu bauen, so mussten sie dies vor dem Baum mit der Notwendigkeit rechtfertigen. »Die Rechtfertigungspflicht aber half all den Bäumen, die zu fällen unentschuldbar gewesen wäre« (Meyer-Abich 1987, S. 73). Auch der grüne Zweig, den Jäger unserer Kultur in das Maul eines geschossenen Hirsches stecken, ist der Rest eines solchen Dankesrituals. Solche Rituale zeugen zumindest davon, dass naturbezogene Menschen wissen, dass die Natur ihnen etwas gibt und dass das wiederum ein inneres Verpflichtungs-, Verantwortungs- und Dankbarkeitsgefühl nach sich zieht. Auch das christliche Ritual, zum Erntedankfest bedürftigen Menschen Früchte oder Nahrungsmittel zu schenken, dürfte ursprünglich dem inneren Bedürfnis entsprungen sein, etwas (irgendwohin) zurückzugeben, wenn man von der Natur (hier als göttlich verstanden) etwas geschenkt bekommt. Es gilt, nicht außer Acht zu lassen:

1. Die Naturvölker lebten in einer Vorstellung von der Welt, in der alles beseelt und wesenhaft war, die

ihren Sinn in einem allumfassenden Weltgeist hatte, also ein systemhaftes Ganzes – eine ziemlich nachhaltigkeitsfördernde, weil systemische Haltung (siehe auch Haskell 2017).

2. Die psychologische Komponente der Befindlichkeit des Menschen in seiner Beziehung zur Natur beeinflusst das Handeln: Auch sensible heutige Jäger verspüren nach dem Töten eines Tieres das emotionale Bedürfnis, sich nach diesem Töten irgendwie entlasten zu wollen. Die europäischen Jagdrituale sind Reste dessen.
3. Voland erwähnt nicht, dass die von ihm erwähnten Untersuchungen zu einer Zeit gemacht wurden, in der der Einfluss der Industriegesellschaft bereits auch bei den Urwaldvölkern gegeben und industrielles Denken dort wahrscheinlich auch schon eingedrungen war. Die bei Diamond (2006) und Roszak (1994) erwähnten Beispiele stehen gegen Volands Aussagen. Die Mythologien der Ureinwohner waren aus Erfahrung mit der Natur so angelegt, dass der Kreislauf der Tragfähigkeit darin eingeschlossen war, eine vieltausendfache Erfahrung. Man nahm nur, so viel man brauchte, und die Natur gab es meist auch her (vgl. Jung 2006).

Ebenfalls vernachlässigt wird, welche Bedeutung die Sozialität und die Entwicklung von Weltbildern (die fast ausschließlich nachhaltig konzipiert waren, Kreislaufprinzip, Abhängigkeit usw.) und Mythen überhaupt hatten. Die animistischen Mythen, die die prähistorischen Gesellschaften Zehntausende Jahre getragen haben, zeichnen sich durch Mitwelthaltung (ich als Teil des Ganzen) und durch Aufforderung zum Dialog mit der Natur bzw. ihren Geistern, zu Geben und Nehmen (Opferrituale, einschränkende Riten, Verbote) aus. Insofern ist zu hinterfragen, ob nachhaltiges Handeln und Denken überhaupt mit den moralischen Kategorien »gut« und »böse« zu tun hat.

QUELLENANGABEN

1 »**Ließ eine intellektuelle Bombe platzen** …« Michael Paul Nelson und Thomas J. Sauer: »The Long Reach of Lynn White Jr.'s ›The Historical Roots of Our Ecologic Crisis‹«, *Nature Ecology and Evolution*, 13.12.2016, S. 2

2 Lynn White Jr.: »Die historischen Ursachen unserer ökologischen Krise«, übersetzt von J. Zuelch, in: Michael Lohmann (Hrsg.): *Gefährdete Zukunft. Prognosen angloamerikanischer Wissenschaftler*, Hanser, München 1970, S. 26–29

3 »**Grundlegende Schrift der Umweltethik** …« J. Baird Callicott: *Beyond the Land Ethic: More Essays in Environmental Philosophy*, SUNY Press, Albany 1999, S. 40–41

4 »**Eine Protestwelle von Kirchenmännern** …« Bert S. Hall: »Obituary of Lynn White, Jr.«, *ISIS*, 79, 1988, S. 480

5 »**Nicht nur in der Presse** …« Lynn White Jr.: »Continuing the Conversation«, in: Ian G. Barbour (Hrsg.): *Western Man and Environmental Ethics: Attitudes Toward Nature and Technology*, Addison-Wesley, Reading 1973, S. 60

6 »**Hätte ich doch nur den Wissenschaftlern** …« Hall: »Obituary of Lynn White, Jr.«, S. 480

7 »**Wir sind zu Schlussfolgerungen gekommen** …« White Jr.: »Die historischen Ursachen unserer ökologischen Krise«, S. 26–29

8 »**Daß die meisten Menschen** …« White Jr.: »Die historischen Ursachen unserer ökologischen Krise«, S. 28

9 »**Sofern wir nicht zu einer neuen Religion finden** …« White Jr.: »Die historischen Ursachen unserer ökologischen Krise«, S. 27

10 »**Dessen Vorstellung von den Beziehungen zwischen Mensch und Natur** …« White Jr.: »Die historischen Ursachen unserer ökologischen Krise«, S. 27–28

11 »**Den bedeutendsten Radikalen** …« White Jr.: »Die historischen Ursachen unserer ökologischen Krise«, S. 28

12 »**Es ist erstaunlich** …« White Jr.: »Die historischen Ursachen unserer ökologischen Krise«, S. 28

13 »**Bemerkenswerte Variante der Allbeseelungslehre** …« White Jr.: »Die historischen Ursachen unserer ökologischen Krise« [Passage in Übersetzung von J. Zuelch in: Michael Lohmann (Hrsg.): *Gefährdete Zukunft* ausgelassen; Übersetzung Sabine Wolf]

14 »**Brüderlichkeit mit den Werken Gottes** …« White Jr.: »Die historischen Ursachen unserer ökologischen Krise«, S. 28

15 »**Im klassischen Altertum** …« White Jr.: »Die historischen Ursachen unserer ökologischen Krise«, S. 28

16 »**In den Mittelpunkt moralischen Handelns** …« Pierre L. Ibisch et al. (Hrsg.): *Der Mensch im globalen Ökosystem. Eine Einführung in die nachhaltige Entwicklung*, Oekom Verlag, München 2018, S. 43

17 **»Wir Redwood-Wälder schützen** …« White Jr.: »Continuing the Conversation«, S. 61

18 **»Diskussionen über die philosophischen und ethischen Grundlagen** …« Nelson und Sauer: »The Long Reach of Lynn White Jr.'s ›The Historical Roots of Our Ecologic Crisis‹«, S. 6

19 **»Demzufolge die menschliche Gesellschaft** …« John Asafu-Adjaye et al.: *Ein ökomodernes Manifest.* Abgerufen am 15. Juni 2021 von www.ecomodernism.org/deutsch
Für eine Kritik des Manifestos vgl. Jeremy L. Caradonna et al.: *A Call to Look Past An Ecomodernist Manifesto: A Degrowth Critique.* Abgerufen am 15. Juni 2021 von https://www.resilience.org/stories/2015-05-06/a-degrowth-response-to-an-ecomodernist-manifesto

20 Vgl. Jeremy Lent: *The Patterning Instinct: A Cultural History of Humanity's Search for Meaning*, Prometheus Books, Amherst 2017, S. 418; zu den Schneekanonen in der Antarktis vgl. Damian Carrington: »Manmade Antarctic Snowstorm ›Could Save Coastal Cities from Rising Seas‹«, The Guardian, 17.07.2019

21 **»Materiell immer zu einem gewissen Grad von der Natur abhängig** …« Asafu-Adjaye et al.: *Ein ökomodernes Manifest*

22 **»Großen Anthropozäns** …« Asafu-Adjaye et al.: *Ein ökomodernes Manifest*

23 **»Der Anblick dieses ›hellblauen Punkts‹** …« Michael Pollan: *Verändere dein Bewusstsein. Was uns die neue Psychedelika-Forschung über Sucht, Depression, Todesfurcht und Transzendenz lehrt*, übersetzt von Thomas Gunkel, Verlag Antje Kunstmann, München 2019, S. 393–394

24 **»Und plötzlich begriff ich** …« Hendrik Hertzberg: »Moon Shots (3 of 3): Lunar Epiphanies«, *New Yorker*, August 2008, zitiert in Pollan: *Verändere dein Bewusstsein*, S. 393

25 **»Nichts berührte den amerikanischen Geist** …« White Jr.: »Continuing the Conversation«, S. 63–64

26 **»Was sollen wir tun?** …« White Jr.: »Die historischen Ursachen unserer ökologischen Krise«, S. 21

27 **»Das religiöse Problem besteht darin** …« White Jr.: »Continuing the Conversation«, S. 62

28 George Berkeley: *Siris: Eine Kette von Philosophischen Betrachtungen und Untersuchungen über die Tugenden des Teerwassers*, übersetzt und herausgegeben von Luise Raab und Friedrich Raab, Felix Meiner Verlag, Leipzig 1914

29 **»Die elendigste Szenerie universellen Leides … Knappheit von Brot«** Anonym: »The Groans of Ireland: In a Letter to a Member of Parliament«, George Faulkner, Dublin 1741

30 **»Den Leser durch eine Aneinanderreihung** …« Lisa Downing: »George Berkeley«, in: Edward N. Zalta (Hrsg.): *The Stanford Encyclopedia of Philosophy* (Ausgabe Frühjahr 2013). Abgerufen am 15. Juni 2021 von https://plato.stanford.edu/archives/spr2013/entries/berkeley

31 **»Ein X existiert zur Zeit Z** …« Downing: »George Berkeley«

32 **»Wo trennt man nur den Tänzer und den Tanz?«** William Butler Yeats: *Die Gedichte*, übersetzt von Norbert Hummel, Luchterhand Literaturverlag, München 2005, S. 243

33 Yuval Noah Harari: *Eine kurze Geschichte der Menschheit*, übersetzt von Jürgen Neubauer, 2. Auflage, DVA, München 2013, S. 256

34 »**Zunächst sehe ich mich durch die menschenleere Einsamkeit** …« David Hume: *Ein Traktat über die menschliche Natur*, Buch 1: *Über den Verstand*, übersetzt von Theodor Lipps, herausgegeben von Reinhardt Brandt, Felix Meiner Verlag, Hamburg 1989, S. 342

35 »**Da die Vernunft unfähig ist** …« Hume: *Ein Traktat über die menschliche Natur*, S. 347

36 »**Das Haben von Wahrnehmungen** …« Stuart Sutherland (Hrsg.): *The Macmillan Dictionary of Psychology*, Macmillan, London 1989, S. 90

37 »**Die Schamesröte für den Berufsstand** …« Daniel Dennett: »The Unimagined Preposterousness of Zombies«, *Journal of Consciousness Studies*, Band 2, Nummer 4, 1995, S. 322–326

38 Thomas Nagel: »Wie ist es, eine Fledermaus zu sein?«, in: Douglas R. Hofstadter und Daniel C. Dennett: Einsicht ins Ich: Fantasien und Reflexionen über Selbst und Seele, übersetzt von Ulrich Enderwitz, Klett-Cotta, Stuttgart 1986, S. 375–388

39 »**Zombies, die verhaltensmäßig nicht von uns zu unterscheiden sind** …« Dennett: »The Unimagined Preposterousness of Zombies«

40 »**Auch Zimboes fragsen sich** …« Dennett: »The Unimagined Preposterousness of Zombies«

41 Philip Goff: »Ghosts and Sparse Properties: Why Physicalists Have More to Fear from Ghosts than Zombies«, *Philosophy and Phenomenological Research*, 81, 2010

42 Julia Tanney: »On the Conceptual, Psychological, and Moral Status of Zombies, Swamp-Beings, and Other ›Behaviourally Indistinguishable‹ Creatures«, *Philosophy and Phenomenological Research*, Band 69, Ausgabe 1, Juli 2004

43 »**Colin McGinn argumentiert** …« Robert van Gulick: »Consciousness«, in: Edward N. Zalta (Hrsg.): *The Stanford Encyclopedia of Philosophy* (Ausgabe Frühjahr 2018). Abgerufen am 15. Juni 2021 https://plato.stanford.edu/archives/spr2018/entries/consciousness

44 »**Ich weiß wohl, daß die Tiere … darin wie Uhren**« »Brief von René Descartes an W. Cavendish« (23. November 1646), in: Max Bense (Hrsg.): *René Descartes: Briefe* 1629–1650, übersetzt von Fritz Baumgart, Staufen-Verlag, Köln 1949, S. 367

45 »**Nur vernünftig anzunehmen … sind die Tiere**« »Brief von René Descartes an Henry More« (5. Februar 1649), zitiert in: Hans-Peter Schütt (Hrsg.): *Die Vernunft der Tiere*, Keip Verlag, Frankfurt a. M. 1990, S. 107

46 *Cambridge Declaration on Consciousness*, von Philip Low verfasst, von Jaak Panksepp, Diana Reiss, David Edelman, Bruno van Swinderen, Philip Low und Christof Koch bearbeitet, 07.07.2012, University of Cambridge, übersetzt von Jasper Götting, www.animal-ethics.org/die-cambridge-declaration-on-consciousness

47 »**Dann gibt es noch die Welt, wie ein Krake sie sieht!** …« Pollan: *Verändere dein Bewusstsein*, S. 339

48 »**Betrachten wir zum Beispiel** …« Douglas R. Hofstadter und Daniel C. Dennett: *Einsicht ins Ich: Fantasien und Reflexionen über Selbst und Seele*, übersetzt von Ulrich Enderwitz, Klett-Cotta, Stuttgart 1986, Kapitel 24, S. 391, 394

49 »**Es war im Krieg** …« Rane Willerslev: *Soul Hunters: Hunting, Animism and Personhood among the Siberian Yukaghirs*, University of California Press, Berkeley und Los Angeles 2007, S. 89–90

50 »**Nach denen die Welt** …« Rane Willerslev: *Soul Hunters: Hunting, Animism and Personhood among the Siberian Yukaghirs*, University of California Press, Berkeley und Los Angeles 2007, S. 89–90

51 »**Magisches […] und divergentes oder kreatives** …« Pollan: *Verändere dein Bewusstsein*, S. 342

52 »**Bei niederen Tieren und kleinen Kindern** …« Pollan: *Verändere dein Bewusstsein*, S. 342

53 »**Die kurze Zusammenfassung lautet** …« Pollan: *Verändere dein Bewusstsein*, S. 359

54 »**Die Beobachtung indigener Völker** …« David Abram: *Becoming Animal: An Earthly Cosmology*, Vintage, New York 2011, S. 247

55 »**Jetzt hüpft der Vogel** …« Abram: *Becoming Animal*, S. 256–258

56 »**Sie sehen mich immer gerne** …« Willerslev: *Soul Hunters*, S. 175

57 »**Elchhaut, die behaarte Seite** …« Willerslev: *Soul Hunters*, S. 1

58 »**Zwischen dem Weidengestrüpp erschien** …« Willerslev: *Soul Hunters*, S. 1

59 »**Im Hinblick auf die Erfahrung des Jägers** …« Willerslev: *Soul Hunters*, S. 120

60 »**Um genau diesen Kontakt** …« David Abram: *Im Bann der sinnlichen Natur: die Kunst der Wahrnehmung und die mehr-als-menschliche Welt*, übersetzt von Matthias Fersterer und Jochen Schilk, ThinkOya, Klein Jasedow 2012, S. 31–32

61 »**Magie in ihrem vielleicht ursprünglichsten Sinn** …« Abram: *Im Bann der sinnlichen Natur*, S. 32

62 »**Durch ihr Netzwerk komplexer Rückkopplungskreise** …« Lent: *The Patterning Instinct*, S. 370

63 »**Ich wandere durch** …« Rane Willerslev: *On the Run in Siberia*, University of Minnesota Press, Minneapolis 2012, S. 94–95

64 »**Ich laufe schneller** …« Willerslev: *On the Run in Siberia*, S. 97

65 »**Eine Elchkuh und ihr Junges** …« Willerslev: *On the Run in Siberia*, S. 98

66 »**Mein Vater war Wissenschaftler** …« Willerslev: *On the Run in Siberia*, S. xi

67 »**Sobald wir sie anwenden** …« Steven Pinker: *Aufklärung jetzt: Für Vernunft, Wissenschaft, Humanismus und Fortschritt. Eine Verteidigung*, übersetzt von Martina Wiese, Fischer, Frankfurt a. M. 2018, E-Book, S. 665–666

68 »Friedrich Nietzsche: *Die fröhliche Wissenschaft*, Alfred Kröner Verlag, 7. Auflage, Stuttgart 1986, S. 137i

69 »**Es gibt viele Wahrheiten** …« Wallace Stevens, *Auf dem Weg nach Hause*, übersetzt von Kurt Heinrich Hansen, in: Wallace Stevens: *Menschen. Aus Worten gemacht*, Verlag Volk und Welt, Berlin 1983, S. 93

70 Pinker: *Aufklärung jetzt*, S. 664

71 »**Dies halte ich für die wahre Sachlage** …« Hume: *Ein Traktat über die menschliche Natur*, S. 249–250

72 »**Die Ontologie des Materialismus** …« Werner Heisenberg: *Physik und Philosophie*, 7. Auflage, S. Hirzel Verlag, Stuttgart 2007, S. 206

73 »**Es war, als ich sagte** …« Wallace Stevens: *Auf dem Weg nach Hause*, S. 93

74 »**Die Leute von der Eisenbahn** …« Bruce Chatwin: *Traumpfade*, übersetzt von Anna Kamp, Hanser, München Wien 1990, S. 161–162

75 »**Ihr verlangt von mir, dass ich den Boden pflüge** …« Carolyn Merchant: *Der Tod der Natur. Ökologie, Frauen und neuzeitliche Naturwissenschaft*, Oekom Verlag, München 2020, S. 66

76 »**Es sollte nun leichtfallen** …« Abram: *Im Bann der sinnlichen Natur*, S. 189

77 »**Wenn ein Indianerkind** …« *Brief von Benjamin Franklin an Peter Collinson*, 9. Mai 1753, Founders Online, National Archives. Abgerufen am 01. Juni 2018 von https://founders.archives.gov/documents/Franklin/01-04-02-0173

78 »**Gefangen genommene Europäer** …« J. Hector St. John de Crevecoeur: *Sittliche Schilderungen von Amerika, in Briefen eines Amerikanischen Guthsbesitzers an einen Freund in England*, Verlag David Siegert, Leipzig 1784, S. 421–423
Auf die vorigen beiden Zitate wurde ich aufmerksam durch George Monbiot: *Feral: Searching for Enchantment on the Frontiers of Rewilding*, Allen Lane, London 2013, S. 44–45

79 »**Eine gewaltige Menge Forschung** …« David Hand: Measurement: *A Very Short Introduction*, Oxford University Press, Oxford 2016, S. 14

80 »**Wie wird man jemals** …« Adolphe Quetelet: *Über den Menschen und die Entwicklung seiner Fähigkeiten*, Schweizerbarts Verlagshandlung, Stuttgart 1838, S. 21

81 »**Man erkennt das Gefühl** …« Richard Shryock: »The History of Quantification in Medical Science«, in: Harry Woolf (Hrsg.): *Quantification: A History of the Meaning of Measurement in the Natural and Social Sciences*, Bobbs Merrill, Indianapolis 1961, S. 85–107, zitiert in Hand: *Measurement*, S. 115

82 »**Es ist wichtig hinzuzufügen** …« Theodore Porter: *Trust in Numbers: The Pursuit of Objectivity in Science and Public Life*, Princeton University Press, Princeton 1995, S. 86

83 Zu operativen Definitionen in der Physik vgl. beispielsweise Victor J. Stenger: »Time, Operational Definition of«, in: H. James Birx (Hrsg.): *Encyclopedia of Time*, SAGE Publications, Thousand Oaks 200 oder Arnold B. Arons: *A Guide to Introductory Physics Teaching*, Wiley, New York 1990

84 »**Der überwiegende Hang aber** …« Nietzsche: *Die fröhliche Wissenschaft*, S. 131

85 Zu Platons Ausspruch vgl. Steven Shapin: *Die wissenschaftliche Revolution*, übersetzt von Michael Bischoff, S. Fischer, Frankfurt a. M. 2017, E-Book

86 »**Um etwas messen zu können … ist es tatsächlich sinnlos** …« Hand: *Measurement*, S. 58

87 »**Ein Produkt unserer kollektiven Phantasie** …« Harari: *Eine kurze Geschichte der Menschheit*, S. 43

88 »**Ich erkannte daraus, daß ich eine Substanz sei** …« René Descartes: *Abhandlung über die Methode des richtigen Vernunftgebrauchs und der wissenschaftlichen Wahrheitsforschung*, übersetzt von Kuno Fischer, Reclam, Stuttgart 1961, S. 31–32

89 »**Darin liegt Descartes' Irrtum** …« Antonio R. Damasio: *Descartes' Irrtum. Fühlen, Denken und das menschliche Gehirn*, übersetzt von Hainer Kober, List Verlag, München 1995, S. 330

90 »**Ich sitze hier in meinem Zimmer** …« Hume: *Ein Traktat über die menschliche Natur*, S. 261–262

91 »**Ich betrachte die Möbel in meinem Zimmer** …« Hume: *Ein Traktat über die menschliche Natur*, S. 272

92 »**Die bezeichnete philosophische Anschauung** …« Hume: *Ein Traktat über die menschliche Natur*, S. 283–84

93 »**Die Philosophen leugnen** …« Hume: *Ein Traktat über die menschliche Natur*, S. 286

94 »**Wir können unter Voraussetzung** …« Hume: *Ein Traktat über die menschliche Natur*, S. 287

95 »**Man richte seine Aufmerksamkeit** …« Hume: *Ein Traktat über die menschliche Natur*, S. 92

96 Vgl. Peter Wohlleben: *Das geheime Leben der Bäume: Was sie fühlen, wie sie kommunizieren – die Entdeckung einer verborgenen Welt*, 9. Auflage, Ludwig Verlag, München 2015

97 »**Seit 1492 versuchen wir** …« Richard Powers: *Die Wurzeln des Lebens*, übersetzt von Manfred Allié und Gabriele Kempf-Allié, S. Fischer, Frankfurt a. M. 2018, S. 607

98 »**Dass Pflanzen intelligent sind** …« Pollan: *Verändere dein Bewusstsein*, S. 451–452

99 »**Gibt es noch irgendeinen anderen Umstand** …« Arthur Conan Doyle: *Die Memoiren des Sherlock Holmes*, neu übersetzt von Nikolaus Stingl, Kein&Aber, Zürich 2014, E-Book

100 »**Je begreiflicher uns das Universum wird** …« Steven Weinberg: *Der Traum von der Einheit des Universums*, übersetzt von Friedrich Griese, Goldmann, München 1995, S. 264

101 »**unbesonnen** …« und folgende Zitate: Weinberg: *Der Traum von der Einheit des Universums*, S. 264–265

102 »**Wissen Sie, heute Abend** …« David Goodstein: »Richard Feynman, Teacher«, Physics Today, Februar 1989, S. 73

103 »**Wenn die ersten 26 Spielkarten** …« Carlo Rovelli: *Die Ordnung der Zeit*, übersetzt von Enrico Heinemann, Rowohlt, Reinbek bei Hamburg 2018, S. 32–33

104 »**Nichtmenschliche Tiere** …« Graeme Barker: *The Agricultural Revolution in Prehistory: Why Did Foragers Become Farmers?*, Oxford University Press, Oxford 2009, S. 44

105 »**Die lokalen Geister** …« Lent: *The Patterning Instinct*, S. 86

106 »**Seinen Körper zu öffnen** …« und folgende Zitate: Willerslev: *Soul Hunters*, S. 172

107 »**Sind Menschen gegenüber Steinen** …« und folgende Zitate: White Jr.: »Continuing the Conversation«, S. 63

108 »**Würde der Kreatur**« Artikel 120, Absatz 2, Bundesverfassung der Schweizerischen Eidgenossenschaft vom 18. April 1999

109 »**Das Recht, dass die Existenz** …« Artikel 72 und 73, Verfassung von Ecuador, vgl. Eduardo Gudynas: »Politische Ökologie. Natur in den Verfassungen von Bolivien und Ecuador«, übersetzt und gekürzt von Almut Schilling-Vacaflor, in: *Juridikum*, 2009(4), S. 215

110 »**Dass Pflanzen unter Umständen … zentrale Frage** …« Eidgenössische Ethikkommission für die Biotechnologie im Ausserhumanbereich: *Die Würde der Kreatur bei Pflanzen. Die moralische Berücksichtigung von Pflanzen um ihrer selbst willen*, Bern 2008, S. 4

111 Ecological Defence Integrity Ltd., www.stopecocide.earth

112 »**Wenn wir uns der Natur und der Umwelt** …« Papst Franziskus: *Enzyklika Laudato Si' von Papst Franziskus über die Sorge für das gemeinsame Haus*, Vatikanische Druckerei, Rom 2015, S. 12–13

113 »**Bioethik und Umweltethik** …« Luciano Floridi: *Information: A Very Short Introduction*, Oxford University Press, Oxford 2010, S. 116

114 »**Ein Dualismus zwischen Mensch und Natur** …« White Jr.: »Continuing the Conversation«, S. 62

115 »**Auf subverbaler Ebene** …« White Jr.: »Continuing the Conversation«, S. 57

116 »**Ein Spiegelbild des alten Mensch-Natur-Dualismus … romantische Spielart ökologischer Schwärmerei** …« White Jr.: »Continuing the Conversation«, S. 63

117 »**Eigene Existenzgrundlagen vernichtet … seriöse Belege** …« Eckart Voland: *Anthropologische Hürden auf dem Weg zu einer erfolgreichen Umweltbildung, in: Bettina Hiller und Manfred Lange (Hrsg.): Bildung für nachhaltige Entwicklung. Perspektiven für die Umweltbildung*, Studien und Vorträge Heft 16, Universität Münster Zentrum für Umweltforschung, Münster 2006, S. 45–54.

118 Pierre L. Ibisch und Norbert Jung: »Die noblen Wilden oder: War es früher auch nicht besser?«, in: Pierre L. Ibisch et al. (Hrsg.): *Der Mensch im globalen Ökosystem. Eine Einführung in die nachhaltige Entwicklung*, Oekom Verlag, München 2018, S. 97–98
darin zitiert:
Eckart Voland: »Anthropologische Hürden auf dem Weg zu einer erfolgreichen Umweltbildung«, in: Bettina Hiller und Manfred Lange (Hrsg.): *Bildung für nachhaltige Entwicklung. Perspektiven für die Umweltbildung*, Studien und Vorträge Heft 16, Universität Münster Zentrum für Umweltforschung, Münster 2006
Jared Diamond: *Kollaps. Warum Gesellschaften überleben oder untergehen*, übersetzt von Sebastian Vogel, S. Fischer, Frankfurt a. M. 2005
Theodore Roszak: *Ökopsychologie: Der entwurzelte Mensch und der Ruf der Erde*, übersetzt von Olga Rinne, Kreuz Verlag, Stuttgart 1994
Klaus Michael Meyer-Abich: »Naturphilosophie auf neuen Wegen«, in: Oswald Schwemmer (Hrsg.): *Über Natur. Philosophische Beiträge zum Naturverständnis*, Klostermann, Frankfurt a. M. 1987
David G. Haskell: *Der Gesang der Bäume. Die verborgenen Netzwerke der Natur*, übersetzt von Christine Ammann, Verlag Antje Kunstmann, München 2017
Norbert Jung: »Steine und Brücken auf dem Weg zu ganzheitlicher, nachhaltiger Umweltbildung«, in: Hiller und Lange (Hrsg.): *Bildung für nachhaltige Entwicklung*, S. 179–192

Ashley Curtis wurde 1959 in Kalifornien geboren. Er studierte chinesische und biblische Literatur an der Yale University sowie Physik und Physikpädagogik am Smith College. Von 2009 bis 2014 war er Schulleiter an der Ecole d'Humanité in Hasliberg, Berner Oberland. Im Kommode Verlag erschienen bisher der Shakespeare-Krimi *Hexeneinmaleins* (2019) sowie das philosophische Plädoyer für das Staunen *Irrtum und Verlust* (2017). Weitere Publikationen erschienen bei Bergli Books. Curtis lebt zurzeit in Domodossola in Norditalien, wo er als Schriftsteller, Lektor und Übersetzer tätig ist.